emmanuel sala

l'homme qui saigne

ed. BoD, 2018

à Agathe
à Yoyo

Introduction

Un chemin de transformation

Ce livre relate une expérience tout à fait particulière.

La vie, ma vie, m'a amené à explorer le sang, mon sang, sa poésie, ses symboles et son mystère, non comme un médecin, mais comme un artiste et un philosophe.

Pour raisons médicales, il se trouve que, fréquemment, je me fais des piqûres intraveineuses. Grâce à cela, j'ai pu, pour vraiment *comprendre* ce qu'était cette matière, aller jusqu'à réaliser des « traces » avec elle.

Cet acte-là a eu un grand impact sur ma vie et est à l'origine de ce livre.

Son écriture, intermittente, aura duré huit ans. Durant tout ce temps, il ne s'est pas agi pour moi d'accumuler des lignes pour obtenir à la fin un énorme ouvrage. Je n'ai, au contraire, eu de cesse de réduire mon texte, de le retravailler pour, ainsi, *me retravailler moi-même*. Ce livre est tout à la fois l'outil et le résultat, la cause et l'effet d'une profonde transformation intérieure personnelle dont j'espère que le lecteur pourra également nourrir son propre cheminement.

Dans la seconde partie du livre, je développe une hypothèse sur la fonction symbolique du sang dans la vie et les civilisations humaines. M'appuyant sur de nombreuses lectures, j'ai bâti ma pensée à partir de moi-même et de la compréhension progressive de ce que j'étais en train de vivre avec mon sang. Je ne propose donc pas un travail d'historien, d'anthropologue ou de psychanalyste – je ne suis rien de tout cela – mais souhaite offrir mon analyse d'une expérience hors du commun. Car j'ai perçu, en me questionnant profondément sur mon sang, qu'il y avait là un universel qu'il me fallait absolument décrypter et partager.

Tracer

Je trace avec mon sang.

Je trace avec les doigts, les mains, ou les bras pour de grandes toiles. Je n'utilise jamais de pinceau ou autre instrument, car je tiens à avoir un rapport direct, charnel avec la matière, comme un corps à corps, une caresse. En fait, mon travail s'appuie essentiellement sur le sens du toucher. J'explore cette relation tactile avec la matière vivante, issue de moi et qui glisse, fluide, sous ma peau et sur la toile.

Je trace. Laisser jaillir ou tourner en spirale, éparpiller ou étaler, caresser la toile ou la griffer de mes ongles... Souvent, je fais tomber une goutte sur la toile vierge et lance ma main, la droite en général, les doigts, un doigt, les ongles, le tranchant... Une forme apparaît, vivace, et m'étonne. Jamais je n'aurais pu volontairement la dessiner. À partir du premier tracé, parfois, je cherche un second mouvement, en réponse, en recherche d'équilibre. C'est toujours un risque, le risque de briser cette vie qui commence à apparaître, à se dévoiler. Ce saut dans le vide à chaque tracé me pousse à la concentration. J'ai peur, mais cette peur me pousse à être juste, précis, pour préserver la vie qui vient.

Ainsi, mon travail, qui se situe dans l'instantanéité et dans le geste, est presque davantage de la danse que du dessin. Dans la danse, le sens naît du seul mouvement. C'est à partir de lui-même, en se mouvant, que le corps s'exprime. Dans mes traces de sang, j'expérimente par le toucher cette sorte de sens sans pensée qu'est le mouvement. Le contact de ma peau avec le sang et la toile, à ce moment-là, est ma pensée. Je tente, en me concentrant sur mes sensations et mes émotions, en abandonnant ma tête, de « laisser parler » la matière. C'est un exercice assez difficile...

J'ai eu parfois de magnifiques surprises lorsque certaines figures – poissons, oiseaux, êtres magiques – se sont tracées « d'elles-mêmes ». Je ferme parfois les yeux lorsque je trace avec les doigts, mais j'aime tellement voir la trace apparaître, tel un miracle, que je garde le plus souvent les yeux ouverts...

Première partie

OFFRANDES

Mon histoire

Je recueille mon sang à l'occasion de soins. Je suis hémophile. L'hémophilie est un trouble génétique de la coagulation ; je saigne fréquemment en hémorragies internes. Le soin consiste en une intraveineuse que je m'injecte moi-même, comme la plupart des hémophiles, cinq ou six fois par mois.

Ce que je fais ensuite, par contre, ils ne le font pas…
Au moment de la piqûre, je recueille quelques gouttes de sang pour, une fois l'injection terminée, tracer sur une toile ou une feuille de papier.

Comment en suis-je venu à une telle intimité avec mon sang ? Et comment m'est venue l'idée étrange de tracer avec lui ? Il s'agit d'un très long chemin, une maturation de toute ma vie, pourrais-je dire…

Longtemps, mon seul rapport au sang, cela a été ces hémorragies articulaires douloureuses, invalidantes, saignements internes qui, me fragilisant, m'empêchaient de vivre pleinement ma vie de jeune garçon puis de jeune homme. Mes articulations, peu à peu, se dégradaient.

À l'âge de 22 ans, je suis, comme nombre de mes « frères de sang » hémophiles, contaminé par le virus du sida. Puis c'est l'hépatite C. Ce sont les produits sanguins eux-mêmes qui, devant nous soigner, nous inoculent la mort.

Je me souviens des tous débuts du sida, en 1985. Les journaux titrent sur notre mort certaine. Je les vois dans les kiosques et, avec une colère contenue et désespérée, je me dis, comment osez-vous ?! Bien des fois, j'accompagne des familles d'hémophiles à l'enterrement d'un de leurs fils. Durant la messe, n'écoutant pas vraiment le prêtre, je me révolte intérieurement, non, non ! pas moi, elle ne m'aura pas !

Je m'isole, incapable de construire ma vie sinon par bribes. Ce qui me fait le plus souffrir, finalement, sont mes difficultés relationnelles avec les autres, chargé que je suis de tout ce fatras à l'âge où l'on veut juste vivre et aimer. Malgré tout, tête baissée, je préserve une petite flamme, entretenue notamment par ma pratique de la musique depuis l'adolescence, et je me dis, non ! je ne suis pas que cela, ma dignité me le murmure, je porte un rêve qui est ma raison de vivre.

La reconstruction est longue. Vers 32 ans – 10 ans de désert – ma vie commence à se rouvrir. Les nuages se dispersent progressivement. Cela correspond à l'époque où je rencontre le bouddhisme de Nichiren.

Le moment le plus important de cette période est la réconciliation que j'entame avec mon corps « malade ». Cessant de vouloir le rejeter, ce qui est absurde mais compréhensible, je comprends que je dois l'accepter tel qu'il est. Et que nous devons nous apprivoiser l'un l'autre, comme deux adversaires fatigués de se battre qui commencent, méfiants mais soulagés, à se fixer du regard. Mon travail sur le sang commence peut-être lorsque je lis cette phrase bouddhiste, au moment où je suis le plus mal : « Ni la terre pure ni l'enfer n'existent en dehors de nous-mêmes ; ils se trouvent dans notre propre poitrine. On appelle bouddha celui qui s'éveille à cette vérité, celui qui l'ignore, simple mortel[1] » et la suite, « (...) l'enfer même peut se changer en terre de bouddha[2] ». Si ce qui est là est vrai, alors, je veux le voir, je veux le vivre. Je veux transformer cet enfer.

Une nouvelle épreuve est la perte de mon genou à 36 ans suite à de nombreuses opérations, trop abîmé par les multiples saignements qu'il subit depuis l'enfance. Depuis, il me manque un bout de mon corps, je n'ai plus de genou gauche, ma jambe est plus courte de 8 centimètres et je marche comme un vieux pirate, mais curieusement, à partir de ce moment-là, tout commence à s'inverser. L'espoir, l'espoir de rien, de vivre, d'exister s'installe peu à peu dans ma vie, comme un soleil qui se lève.

Je garde de ces années arides l'image d'une butée au-delà de laquelle rien n'est possible. Ma vie était une impasse totale. Lorsque je commence à faire volte-face et à renaître, un fait au moins est certain. Ce combat m'a permis de gagner sur moi-même, je me suis libéré de mon attachement à la maladie, je commence à aimer la vie.

La petite flamme, doucement, se ravive. Ce qu'elle m'a chuchoté, durant mes années de solitude, est vrai.
Car ma vie, heureusement, s'est bâtie sur bien autre chose que la seule maladie. Avec un grand-père portraitiste dans les années 30, un père architecte et une mère encline à la poésie, je grandis dans un milieu très sensible à l'art et au beau. Mes parents, sans jamais rien m'apprendre, éveillent mon regard à la beauté ou à la

---
[1]D. NICHIREN, Lettres et traités de Nichiren Daishonin, tome 2. Paris : ACEP, 1994, p. 265.
[2]Ibid.

laideur du monde, et ce, toujours en lien avec le sens des choses, avec le cœur. Ces notions, je les bousculerai par la suite pour mieux les faire miennes. De cette enfance d'imprégnation découle mon parcours d'autodidacte : je préfère toujours explorer, sentir, découvrir par moi-même. Souffrir et aimer pour comprendre.

À l'adolescence, je tombe amoureux de la musique. Je commence la batterie, exutoire à mon impossibilité à me dépenser physiquement. Mon corps jubile ! Frapper les peaux, jouer le rythme, tenir le tempo par la nuance !... Très vite, grattant une guitare, tapotant un piano, je découvre l'extase de la mélodie. Je veux composer, même sans rien connaître. Une question m'interpelle alors : quelle est la tradition musicale populaire de la France ? À ce moment-là, je n'en trouve pas[3]. Les fifres et tambourins de mon pays natal – ils m'excuseront, j'espère – me paraissent tellement ternes... Je cherche une musique qui ait de la sève, de la pulsation. Nous sommes dans les années 70. Le rock progressif ou planant, le bebop, le free jazz, Zappa ou Bach, qu'écoutait mon père, me procurent mes premières émotions.

Mon parcours musical est ensuite très diversifié, éclectique, passant de la new wave au jazz, du rhythm 'n' blues au chant grégorien, de la bossa nova à la musique persane, de la chanson à la musique improvisée. En pratiquant ces musiques, je creuse le sens de chacune d'elles et m'enrichit de ce qu'elles apportent, l'une après l'autre, à mon corps et à mon cœur. Cette diversité me va. Chacune s'adressant à des zones différentes de mon être, leur diversité répond à la diversité de ma vie, de mes émotions, de mes pensées. Fondamentalement, dans

---

[3]Plus tard, c'est la chanson « française » dans toute sa diversité qui remplira cette fonction pour moi.

ce *patchwork* je ne vois pas de contradiction mais plutôt, une forme d'authenticité.

Mes problèmes de santé eux-mêmes finissent par devenir, lorsque je parviens à les dépasser au prix d'un long travail sur moi-même, un puits d'inspiration – apparemment sans fond !... Progressivement, ma conception du beau change, se précise. La nuit prend sa place dans mon esthétique, le mal devient une phase parfois nécessaire du bien, je recherche l'unité des contraires plutôt que leur opposition. Mon « enfer » est-il en train de devenir « terre de Bouddha » ?

Ce que je vis dans mon corps influence, évidemment, ma sensibilité artistique, mais de façon très indirecte, et pendant longtemps je ne vois aucun rapport entre la maladie et l'art. Jamais, jamais, je n'aurais imaginé qu'un jour puisse exister un lien entre mes recherches d'artiste et mon sang...

Et pourtant, une succession d'événements – je les relaterai plus loin – m'amènera, pas à pas, jusqu'à ce jour où, me faisant ma piqûre anti-hémophilique, j'ai l'idée de recueillir quelques gouttes de sang dans le but de dessiner avec. L'artiste et l'hémophile se réunissent alors et ma vie prend une autre cohérence.

C'est qu'une troisième part de moi-même commence à s'exprimer. C'est elle qui saisit la main de l'artiste et la trempe dans le sang de l'hémophile. On pourrait la nommer « la part du philosophe ». Dans ce travail sur le sang, l'art n'est qu'un moyen d'accès, un langage. Ma quête est, en réalité et depuis toujours, *une quête de sens*.

Reconnaissance

Mais comment donc en suis-je arrivé là, à tremper mon doigt dans mon sang pour « tracer des signes » ?

Tout débute avec ma nièce et filleule Agathe. Fille métis de ma sœur et de son mari indien, c'est une enfant brune magnifique, à l'intelligence vive et généreuse. C'est la première petite fille qui naît dans notre famille et, n'ayant pas d'enfant, je vis sa présence parmi nous comme un grand bonheur.

Mais, adolescente, elle développe une anorexie sévère. Elle s'amaigrit, souffre intensément, est toujours triste. Elle parle de ses troubles assez facilement et avec une impressionnante lucidité. Elle se vit comme totalement prisonnière d'une « voix » intérieure qui la pousse à se détruire.

Atterré, je retrouve dans le développement de sa pathologie le tableau de « l'enfant malade » que j'ai si bien connu. Même déroulement des événements, même imbroglio dans les relations familiales, notamment avec sa mère, qui fait ce qu'elle peut mais semble elle-même captive d'un lien morbide. Souffrance intime, quête désespérée de sens malgré tout… Cela me rappelle trop de souvenirs.

Parce que je vais mieux, beaucoup mieux, que je m'en suis « sorti », je décide alors en mon for intérieur, comme lorsque j'ai refusé la fatalité du sida, que cette souffrance, cette souffrance encore, non, elle n'est plus acceptable. Je décide de changer ça. Je ne sais évidemment pas du tout comment... Mais une grande détermination m'anime. J'en nourris ma pratique bouddhique.

Quelque temps après, j'achète, sans trop savoir pourquoi, un livre magnifique sur les mythologies méditerranéennes. Je m'y plonge avec passion, car j'y perçois pour la première fois l'intérêt de ce genre d'étude. À la vue de statuettes sumériennes, je sens une proximité avec la vie de ces humains des temps passés. Je réalise que les gens qui ont gravé ces personnages dans l'argile ont réellement existé et cela me touche profondément.

Je rends souvent visite à Agathe, à ses parents et à sa sœur. J'ai de beaux moments d'échange avec elle, mais le mal est implacable. Lors d'une de ces visites, à l'occasion d'une promenade en ville, nous pénétrons chez un bouquiniste. Je cherche je ne sais plus quoi. Et je tombe sur un livre de Jacques Soustelle sur le Mexique ancien. Tiens, me dis-je, l'anthropologie m'intéresse maintenant, allons-y. Je l'achète.

Ce livre est le début de l'histoire, le début de mon voyage au Pays du sang. J'étais avec Agathe lorsque je l'ai acheté. Il m'emmènera loin dans les rêveries et les sensations. Et, au fil des pages, j'entends comme un écho. Semblable à celui qui émanait des statuettes sumériennes mais différent, plus familier encore, plus fort.

Ces hommes disparus, Aztèques des hauts plateaux, je les *reconnais*.

Peu après, je déniche une revue historique sur les

sacrifices humains du Mexique précolombien. Ce qui est amusant est de savoir où : la salle d'attente d'un centre de soins pour hémophiles, à l'hôpital… « J'emprunte » la revue et me plonge dans sa lecture. Les Aztèques y sont présentés comme des barbares sanguinaires d'une violence extrême. Évidemment, le sacrifice humain est absolument intolérable mais pourtant, au-delà de ce fait, je reste questionné. J'ai besoin d'aller plus loin, de comprendre le sens des sacrifices de sang. Pourquoi, mais pourquoi faisaient-ils ça ?

Autres lectures. Hernán Cortés, chef des *conquistadores*, envoie ses rapports à l'empereur Charles Quint. L'homme qui allait soumettre un pays à lui seul y décrit, avec émerveillement et respect, la grande cité de Mexico Tenochtitlan, ses constructions magnifiques, l'ordonnancement de ses allées bordées de canaux, son organisation sociale rigoureuse, son immense marché « où chaque jour se pressent soixante-dix mille acheteurs et vendeurs[4] »… Ou encore, la douzaine de sarbacanes que l'empereur Moctezuma lui offre, « sarbacanes avec lesquelles il chasse les oiseaux, dont je ne pourrais dire l'élégante perfection, car elles étaient couvertes de fines peintures aux nuances les plus délicates, où se trouvaient représentés dans toutes les attitudes, des oiseaux, des animaux, des arbres, des fleurs, et dont les points de mire étaient formés par des grains d'or[5] ».

À travers ce témoignage d'un grand homme de guerre, je suis saisi par la beauté et la grandeur de la civilisation mexicaine et profondément ému d'entrevoir ainsi un monde juste avant qu'il ne disparaisse. Et toujours cette

---

[4] H. CORTÉS. La conquête du Mexique. Paris : Éd. La Découverte Poche, 1996, p. 127.
[5] Ibid. p. 125.

impression de suivre un fil…

Je découvre aussi la poésie aztèque, appelée en langue nahuatl *in xochitl in cuicatl*, « la fleur, le chant ». Art hautement valorisé, c'est une poésie de l'instant, des sensations et de l'impermanence. Écoutez…

« Il y a des myriades de tes papillons rouges
dans la Maison des papillons
où tu viens chanter

Je viens seulement recueillir tes chants,
 owayé
Je viens les rassembler tels des joyaux de jade,
 yééwaya
je viens les rassembler tels des bracelets
faits de langoustes d'or.
Avec eux, viens te parer,
Toi, Père,
les fleurs sont ta seule richesse
 owaya[6] »

Je découvre que le véritable nom des Aztèques est *Mexicatl*[7]. Aztèque est le nom que les conquérants leur ont donné. Je décide de les appeler par leur nom.
Mes explorations me conduisent à déceler ce lien omniprésent que font les *Mexica* entre la beauté et le sens car, selon eux, la beauté nous relie au monde. Cela rejoint ma vielle question…

---

[6]P. SAURIN. Les fleurs de l'intérieur du ciel : Chants de l'ancien Mexique. Paris : Éd. José Corti, 2009, extrait du chant 5, p. 55.

[7]En langue nahuatl, on écrit *Mexicatl* au singulier et au pluriel *Mexica* (ou *Mexicâ* pour les linguistes). Par ailleurs, le « x » se prononce « ch ».

« Le bon peintre connaît,
il a Dieu dans son cœur,
grâce à son cœur, il divinise les choses,
il dialogue avec son propre cœur[8]… »

Voici l'une des qualités que l'on trouvait nécessaires à un artiste chez les anciens mexicains, « diviniser son cœur », c'est-à-dire, rendre belles les choses et ainsi, se rapprocher de leur essence. Mais qu'est devenue cette beauté ? L'histoire lui a donné un grand coup de balai. Les *amoxtli*, livres de l'ancien Mexique, « œuvres du démon », ont été brûlés, les quelques exemplaires sauvegardés rebaptisés « codex » et emportés en Europe.

Et c'est dans ce même monde, si délicat, qu'étaient pratiqués, en grand nombre, les sacrifices humains. Comment ? Pourquoi ? Les *Mexica* considéraient qu'ils avaient pour mission sacrée de nourrir l'univers de leur cœur et de leur sang car sans leurs offrandes régulières, le monde risquait à tout moment de disparaître, le soleil de s'éteindre. Les sacrifices, d'ailleurs, n'étaient pas toujours mortels. Chacun, régulièrement, selon son statut social, y allait de son obole, se tailladant les oreilles, la langue, les jambes ou même, pour les hommes, le pénis. Et bien sûr, il y avait la pierre des sacrifices, au sommet de la grande pyramide, là où les cœurs étaient arrachés aux poitrines des guerriers-aigles ou des guerriers-jaguars à l'aide du coutelas sacré en pierre volcanique.

« O, Tezcatlipoca, puissent les aigles et les jaguars être couverts de plumes et de craie. Fais qu'ils goûtent la douceur de la mort d'obsidienne. Qu'ils réjouissent avec

---

[8]Informateurs de Sahagún, vol VIII, f° 117 verso. Tiré de M. LEON PORTILLA. La Pensée aztèque. Paris : Éd du Seuil, 1985, p. 276.

leur cœur le couteau sacrificiel, le papillon d'obsidienne. Qu'ils désirent et convoitent la mort fleurie, la mort d'obsidienne[9]. »

Un aspect très particulier du rituel approfondit encore mon questionnement. C'est la nature de la relation qui unissait le futur sacrifié et son « maître », le guerrier qui l'avait capturé. Il s'instaurait entre eux deux un lien intime et spirituel extrêmement troublant. Voici ce qu'en dit Jacques Soustelle : « Toutes les descriptions de cérémonies, comme par exemple, celles qui furent dictées à Sahagún par ses informateurs aztèques, donnent sans même le rechercher l'impression qu'entre les victimes et les sacrificateurs, il n'existe rien de semblable à l'aversion ni au goût du sang mais bien une étrange fraternité, ou plutôt – les textes l'établissent – une sorte de parenté mystique. Quand un homme prenait un prisonnier [afin de l'offrir en sacrifice], il disait : 'Voici mon fils bien-aimé' et le captif disait : 'Voici mon père vénéré'. Le guerrier qui avait fait un prisonnier et qui assistait à sa mort devant les autels savait que, tôt ou tard, il le suivrait dans l'au-delà par une mort semblable[10]. »

Autre extrait qui dépeint le baroque hallucinant de ces rituels : « Les maîtres des captifs que l'on devait brûler vifs, les amenaient au lieu du sacrifice. Ils étaient revêtus des ornements de la danse rituelle. Ils avaient tout le corps teint en jaune et la face peinte de couleur vermeille. Ils portaient sur le dos un ornement en forme de papillon fait de plumes rouges de perroquet. Ils

---

[9]Invocation au

de la guerre. Référence inconnue.

[10]J. SOUSTELLE. La vie quotidienne des Aztèques à la veille de la conquête espagnole. Paris : Hachette, 1955, p. 127.

avaient dans la main gauche un petit bouclier orné de plumes blanches… chacun de ceux qui participaient à la fête, ainsi paré, allait de pair avec son captif ; tous les deux dansaient à l'unisson. Quant aux captifs, ils avaient le corps peint en blanc et portaient un pagne de papier. Ils avaient aussi des bandes de papier simulant des étoles… Ils étaient coiffés de plumes blanches… Le pourtour de leur bouche était peint d'un rouge brillant et leurs yeux étaient cerclés de noir. La danse durait ainsi jusqu'au coucher du soleil. Alors, on s'arrêtait. Les maîtres ramenaient les captifs dans la grande maison et les y gardaient. Ils ne dormaient pas et tenaient les captifs en veille… À minuit, les maîtres des captifs prenaient chacun le leur et lui coupaient une mèche de cheveu en se tenant devant le feu… On gardait ces cheveux comme des reliques, en mémoire de la valeur dont on avait fait preuve[11]. »

Puis, après la mise à mort : « Le maître du captif emportait chez lui le cadavre écorché ; il le dépeçait et offrait de cette chair à ses supérieurs, à ses parents et à ses amis. Il n'en mangeait pas lui-même parce qu'il considérait que c'était sa propre chair ; en effet, dès qu'il avait eu le captif en son pouvoir, il l'avait tenu pour fils, tandis que celui-ci l'avait tenu pour père. C'était la raison qui l'empêchait d'en manger[12]. »

A priori, le caractère inacceptable des sacrifices humains les rend foncièrement incompréhensibles. On peut en faire un objet d'étude sur un plan historique ou anthropologique mais comment les *comprendre* ? Ils se

---

[11] FRAY B. DE SAHAGÚN. Historia general de las cosas de Nueva España, tome 1, 1582, livre 2, chap. 29. Mexico : Porrúa, 1956, p. 186–187. Cité dans C. DUVERGER. L'esprit du jeu chez les Aztèques. Paris : Éd. EHESS, 1978.

[12] Ibid., livre 2, chap. 21), p. 146.

situent au-delà de nous, abominables *donc* inaccessibles. Pourtant, l'abomination est toujours d'origine humaine et si l'humain en est l'auteur, c'est qu'en lui est la cause qui rend cela possible. Et, je le crois, *en chacun de nous se trouvent tous les possibles*. Les Aztèques sacrificateurs n'étaient pas des monstres, ils étaient simplement humains. La question qui me taraude alors est : comment des humains ont-ils pu faire cela ? Je choisis une forme d'approche qui me ressemble : ne pas être un simple observateur, ne pas situer à l'extérieur de moi l'abominable mais tenter de comprendre *par le dedans* – en l'occurrence, par l'intuition. Je fais ainsi quelques pas hésitants vers ce monde terrible. Je dois m'approcher.

Car ce drame me bouleverse, comme s'il me concernait personnellement. Dans la première partie de son livre *Le rêve mexicain*, JMG Le Clézio exprime avec des mots magnifiques combien la rencontre entre Moctezuma et Cortés en 1519 est tragique « car l'homme blanc ne partage jamais. Cortés va exclure le monde indien et, l'ayant réduit à l'esclavage, il va permettre la conquête de tout le continent américain[13]. » Le drame tient à cette moitié de nous-mêmes qui a été effacée à ce moment-là de l'histoire. « En détruisant les Amérindiens, le conquérant détruit une part de lui-même qu'il ne pourra plus jamais retrouver[14]. »

C'est juste. Je sens que la violente altérité des Aztèques n'est qu'une autre part, oubliée, de nous-mêmes. D'où me vient cette intuition ?

L'écho sourd, ténu, qui a commencé à résonner dès que

---

[13] JMG LE CLÉZIO. Le rêve mexicain. Paris : Éd. Gallimard, 1988, p. 38.

[14] Ibid. p. 236.

j'ai ouvert ce livre du vieux bouquiniste sur l'ancien Mexique, peu à peu se rapproche... Dans mes rêves éveillés de plus en plus fréquents, je vois les pyramides, les plumes, les montagnes, les hommes presque nus.

Genèse mexicaine, mon sang se libère

J'ai alors envie de raconter cette histoire. Moi qui suis musicien, je veux, pour une fois, prendre la parole. Je décide d'écrire un spectacle pour donner à entendre la voix, le cœur, la poésie et les vrais noms de ces membres de notre famille humaine.

J'en parle à un ami mexicain, lui-même comédien, nommé Quetzal. Il écoute, intéressé, aimant entendre son pays dans mes paroles, mais lorsque je lui demande de jouer le rôle, lui le comédien, il me dit « non, ce sera toi, c'est ton histoire. » Moi ! ? Je n'ai jamais fait ça ! Je ne suis pas comédien ! Je rejette tout d'abord l'idée, puis, elle fait son chemin. Et le soir même, pris d'insomnie et possédé désormais par mon sujet, je me lève et me mets à écrire de façon quasi automatique, je lâche prise. Les images que j'ai grappillées au détour de mes lectures reviennent, donnant corps au récit. Le texte prend la forme d'un « témoignage imaginaire », l'histoire de deux hommes, un Aztèque à l'époque de la conquête et un homme d'aujourd'hui atteint d'une étrange maladie, *hémos philos*. Leurs deux vies s'entremêlent sans qu'on sache vraiment où est la limite entre eux. L'un est-il l'autre ? Les frontières du temps et de l'espace se dissolvent à certains moments de la pièce, les identités se confondent. Et sans m'en rendre compte, j'écris la phrase clef. C'est le lendemain, en relisant mon premier jet, que je m'en aperçois.

Je comprends alors ce que je suis en train de faire et pourquoi je m'intéresse tant aux *Mexica*…

Voici ce passage de mon texte :

« J'ai vu au marché de Tlatelolco, à Mexico-Tenochtitlan,
Les plumes multicolores,
Les plumes d'aigles, d'éperviers, de faucons,
Les dindons, les lapins, le miel, les patates douces,
Les haricots, le cacao, les piments et mille espèces de légumes et d'herbes,
Les manteaux, les jupes, le fil d'Aloès,
Les bijoux d'or et d'argent, les pierres précieuses,
Les couleurs pour écrire, le noir et le rouge,
Les couteaux d'obsidienne.

Et j'ai vu le sang. Le sang des morts, le sang des morts qui donne la vie, le sang qui s'écoule le long des marches de la pyramide, le long des marches du temple, jusqu'à la terre.

Le sang des sacrifices.

Vous ne me croirez pas car ce que je vais vous dire est incroyable. Ce sang, ce fut aussi le mien, ce sang, ce fut le mien[15]. »

Voilà, le lien avec ma vie est établi. Cette histoire est *mon* histoire. Je n'en reviens pas. En redonnant vie, dans cette pièce, aux rites fous des Aztèques, c'est bien de moi dont je parle, moi l'hémophile ! Il me fallait faire un voyage imaginaire empli de merveilles et de cruautés en pays *mexicatl* pour laisser surgir ces premières paroles sur mon sang. Il me fallait les couteaux d'obsidienne enfoncés dans les poitrines et les cœurs tendus vers le

---

[15] *Une histoire avec le sang*, pièce de l'auteur, 2009, non publiée.

soleil pour voir, pourpre, dramatique, bondissant, mon vrai sang, celui qui coule en moi. Celui qui fuit.

Car je l'ai dit, mes hémorragies d'hémophile sont internes, mes plaies, souterraines. Le sang de mes blessures, on ne le voit jamais. Un ami hémophile m'a dit un jour : « Notre expérience est indicible ». Il a raison. Nous perdons du sang mais sans jamais le voir, nous ressentons la douleur, l'articulation enfle mais il n'y a rien d'autre sous nos yeux que la peau, déformée. Pas de sang, jamais. Le sang des sacrifiés aztèques, lui, jaillit en plein soleil.

Pour faire sauter cette dalle de nuit, laisser jaillir ces mots impossibles, il me faut quelque chose de fort, une sorte « d'hallucinogène de l'imaginaire », une vision qui balaye mes convictions et ma « morale » – la médecine est une bien-pensance, la santé est le bien, la maladie, le mal – et qui m'emporte enfin là où je ne suis *pas autorisé à aller*. Ainsi, tout se passe comme si je cherchais à accueillir l'inacceptable chez les Aztèques, pour rencontrer, chez moi, l'inaccepté.

Mon sang, malade, contaminé, affaibli, jusqu'alors je le dévaluais. Maintenant, face aux visions sacrificielles, un verrou psychique saute en moi. Je ne suis pas rebuté par ces rites, cruels s'il en est, au contraire, j'en éprouve un désir irrésistible – non pas d'en faire autant ! – mais *de vivre*. Un processus vital, une chaleur semblent se réactiver en moi. Je prends conscience que mon sang est, *lui aussi,* comme celui des autres, *comme celui que l'on offrait aux dieux,* un « liquide précieux », véhicule de la vie. Et moi aussi, désormais, je peux en faire « offrande ».

C'est une chose bien étrange que celle qui m'arrive : m'approcher de la mort pour retrouver le goût de vivre, accepter le risque de mourir pour me projeter résolument dans la vie. Car c'est bien de cela qu'il s'agit. Une phrase de Rabindranath Tagore m'accompagne depuis déjà longtemps. Elle dit que le mal est nécessaire au bien comme les berges sont nécessaires au fleuve : elles le conduisent vers sa destination, l'océan. Le « mal », parfois, est notre guide. Il a une fonction, à nous de la reconnaître. Chez moi c'est l'hémorragie, le sang qui s'en va, incontrôlable. L'image – et l'image seulement – des sacrifices aztèques, désignant le mal s'il en est un, me permet de m'extraire de ma prison intime. Car l'hémorragie provoque toujours chez moi une sourde inquiétude. Même si, grâce aux soins dont je bénéficie, mon processus vital n'est pas en jeu, l'anxiété est bel et bien là. Tous mes saignements sont des comptes à rebours. Dans combien de temps vais-je retrouver mon intégrité, ma « fermeture » ? De combien de liquide précieux vais-je me vider ? En réaction, je crois qu'il y a toujours eu en moi comme le désir d'une « retenue » imaginaire, comme on parle d'une retenue d'eau pour une digue, ici, une retenue de sang. Une retenue psychique.

« Il y a un épanchement » disait ce vieux médecin indiscutable et indiscuté, dans sa blouse blanche. « Il y a un épanchement », c'est le terme que j'ai entendu durant toute mon enfance. Moi, j'étais dans un lit, bêtement. Cette phrase signifiait le sang qui s'en va, qui part, que je ne peux retenir. Et cette sourde angoisse, cette inquiétude insaisissable. Mon genou qui enfle… Hémorragie. Attention. Danger. Repli sur soi. Retenir, garder… Retenir, garder. En décalage total avec cela, les abondantes et généreuses offrandes aztèques me murmurent : « Oui, on peut donner, donner sans crainte. Même la mort est belle... ». Ces paroles, implicites dans tout ce qui constitue le rituel aztèque, je les entends, clairement et elles me libèrent. Ma peur de « m'épancher » en est apaisée. Je lâche ce que je retiens depuis si longtemps.

Retrouver la poésie

Laisser circuler la vie. Laisser circuler, encore et encore. Circuler moi-même, bouger. Ne pas chercher à coaguler les idées, à les achever mais plutôt, les laisser vivre leur vie, ne pas avoir peur de l'instabilité, du roulis.

Laisser circuler le sens.

Accepter même, peut-être, d'être un homme de l'incontrôlable, comme le sont mes veines, elles qui peuvent lâcher à tout instant, accepter cela.

« À l'avenir, laisse venir,
laisse le vent du soir décider,
laisse venir, laisse venir,
l'imprudence[16]. »

Ce que je vis par la découverte de mon sang *poétique*, jusqu'alors seulement « malade et contaminé », libère en moi des espaces insoupçonnés. La médecine sauve les patients mais recouvre leur corps d'une « peau de savoir ». Ce que les médecins disent s'inscrit dans le corps, sur le corps. Je croyais qu'ils avaient tout dit. Je me trompais. Eux aussi d'ailleurs. Dans ce système de pensée, si l'on reste un « patient », une part de soi reste inaccessible. Tout comme le sang, dans les veines, reste invisible, dessous.

M'émanciper du logos médical, salvateur mais aliénant, objectif mais incomplet me permet de voir *l'envers du corps*, le dedans : la dimension imaginaire qui nous

---
[16] A. BASHUNG, J. FAUQUE, « Tel ». In L'imprudence, Barclay, 2002.

structure et nous nourrit. Reconnaître cette dimension, l'autoriser à vivre sa vie en moi, laisser aller le flux, laisser circuler les images, également, me sauve. Et j'entreprends alors une réécriture poétique de moi-même, au sens où j'y traduis le réel *tel que je l'éprouve.*

> L'océan du sang mythique, flot de la vie humaine
> s'est alors étendu, devant moi, à marée haute.
> Rouges, ses vagues furieuses me battaient presque le visage.
> Jusqu'alors, le ressac, je l'avais à peine entendu, de loin.

Avant tout, le sang est vie, mon sang est vie. Évoquer la maladie, avant tout, la convoque. Et ces mots que prononce le médecin, ce sont des gravures corporelles, des tatouages de raison dont il s'agit de me libérer, non pas en les effaçant – ils sont nécessaires – mais en faisant se lever en moi le jour du poète et, en remplissant mon cœur d'une énergie plus forte encore, « l'énergie d'amour ».

> Je peins mon corps d'ocre rouge,
> Je trace sur mon visage des lignes noires et jaunes,
> Je me rappelle les temps anciens où je mourrais,
> Où je vivais sous le ciel.
> Et j'offrais mon sang.

Mexico Tenochtitlan. Le courant souterrain transperce le sol de la grande cité. C'est le sang. Le sang qui était là, dissimulé mais omniprésent. Les veines s'ouvrent sur le monde, l'offrande est portée en pleine lumière, *chalchihuatl*, « l'eau précieuse, l'eau rare[17] », le sang, qui irrigue toutes les actions humaines.

---

[17] Terme de la langue nahuatl, pratiquée par les *Mexica*

C'est cela que j'ai entendu battre au fil des pages, des images. Du fond de ma mémoire. *Au-delà* de ma mémoire. Tout cela libère en moi un flot, un océan. Puissant, terrible et magnifique comme l'est la vie. Dangereux.

Un flot de sang.

Émerveillement.

Inquiétude.

Les *Mexica*, ces hommes qui pratiquaient le sacrifice humain ou les blessures volontaires comme offrande de nourriture sacrée à la terre et au soleil, étaient les mêmes qui considéraient la poésie comme « la seule vérité sur terre[18] », les mêmes qui disaient des chants sublimes emplis de fleurs au son du tambour mystique, les mêmes qui dessinaient le monde en figures ésotériques et magnifiques, les mêmes qui avaient établi la plus grande cité du monde, Mexico Tenochtitlan, en quelques dizaines d'années dans la boue des marécages.

« Par nos dards
et par nos boucliers,
la cité existe[19]. »

Qui étaient-ils ? Comment était-ce possible ?

Soyons entiers.

---

[18]M. LEON PORTILLA, op. cit., p. 130.

[19]Ibid. p. 218. Citation de A. PEÑAFIEL. Cantares en idioma mexicano, manuscrit de la bibliothèque nationale de Mexico, 1904 – f° 20, verso.

N'ayez crainte, ici, le sang ne coulera que de mon bras.

Je suis l'homme qui saigne.

Risque

Je suis submergé par l'émotion. Elle m'arrive juste sous la bouche. J'ai encore pied mais à peine. C'est l'émotion de celui qui va donner son cœur. Je sens mes côtes, mon torse, prêts à être ouverts et mon cœur prêt à être arraché. En me balançant dans mon hamac, mes yeux croisent un rayon de soleil qui transperce le feuillage au-dessus de moi. Un instant, je suis aveuglé. C'est cela, le soleil est sur moi, il m'inonde. Je peux me donner à lui. Pourquoi lui dire non ?

Le fait que je puisse à tout moment saigner et me répandre est la même chose.

Je suis en vacances chez mes beaux-parents, allongé dans un beau jardin. Je ne risque absolument rien, apparemment. C'est dans ce moment de calme et de repos, justement parce que je ne suis pas particulièrement en danger de saigner, que me vient la conscience du risque permanent dans lequel je vis. Je comprends que le risque n'est pas extérieur à ma vie, lié à telles ou telles circonstances périlleuses, mais qu'il est *interne*. Permanent. Inhérent à ma vie même. Les circonstances faciliteront l'apparition de l'hémorragie, certes, mais c'est bien parce que son risque est déjà présent en moi, latent.

Ma prise de conscience vient du fait que ce jour-là, étant loin de chez moi, je n'ai plus à ma disposition qu'un seul flacon de produit coagulant « anti-hémophilique ». J'ai utilisé tous les autres. J'en reprendrai à la pharmacie de l'hôpital en rentrant, ce n'est pas un problème, mais la simple éventualité du manque me fait éprouver une angoisse. Une fois cette dernière dose utilisée, je n'aurai plus rien, et je pourrais perdre mon sang, là, sans moyen de l'arrêter. Il est très rare que j'éprouve ce sentiment car en général, je prends mes précautions et j'ai toujours ce qu'il faut avec moi. Ainsi, je me rends compte à quel point ce produit est une barricade psychologique qui évite que nous, hémophiles, pensions à notre état naturel d'homme en risque de saigner.

Ce jour-là, suivant la méthode intuitive et immersive qui est la mienne depuis le début de cette exploration, je joue le jeu et m'imagine sans plus aucun produit et sans moyen de m'en procurer. Pour voir ce que je ressens. Et là, j'entraperçois ma vie telle qu'elle est réellement, je veux dire sans aide extérieure, hors protection médicale : *un risque permanent.* Un sentiment de fragilité qui s'installe et brouille ma présence au monde. Une vague incertitude... Pas de danger imminent ni évident, pourtant. Le jardin, là, dans lequel je suis, n'est pas dangereux pour moi, pas de menace. Et pourtant, *je suis menacé.* Il est possible que je saigne, dans trois minutes, une demi-heure, douze heures... C'est cela la réalité de l'hémophile.

Je le redis, l'immense majorité de nos saignements sont internes, souvent liés au mouvement, à l'effort ou aux chocs. Et nos articulations sont pour certains d'entre nous – c'est mon cas – tellement abîmées qu'un rien les blesse. Donc, c'est vrai, cela dépend de moi. Si je ne fais pas de gestes brusques, d'efforts mal gérés, si je ne prends pas de coups, ça devrait aller. On ne saigne pas « pour rien » en général. Mais ça, c'est le raisonnement de quelqu'un qui a des produits, qui sait qu'il peut vivre tranquillement et qui, s'il a un problème, se soignera.

Dans le cas que j'imagine, sans médicaments, je ne sais pas si j'oserais sortir de la maison, porter des objets, me mettre en mouvement... Cela change tout.

C'est donc à l'intérieur de moi qu'est la fragilité, le flou, le fluide. Voilà, c'est un problème de liquide. Les solides sont stables. Ils ont une forme, une fin. On sait où ils sont et où ils ne sont pas. Les liquides c'est autre chose. Ils se répandent. Il leur faut un *contenant*. Mon liquide intérieur, *tout* mon liquide intérieur, risque de se répandre. C'est une chose à laquelle vous ne pensez jamais, n'est-ce pas ? Peut-être, mesdames, en période menstruelle... Mais un homme, il n'y pense pas. Moi, ma question est : mon liquide intérieur, garant de ma vie, comment le garder en moi ?

Je vois donc ce qui me met en risque : mes contenants ne sont pas sûrs. Mes veines. Je ne peux pas avoir confiance en elles. Elles ne sont pas fiables. Ce n'est pas leur faute mais bon, elles ne tiennent pas la distance. Je suis comme une vieille outre en cuir toute râpée qui ballotte et qui risque de se percer d'un moment à l'autre. Ça a l'air drôle, dit comme ça, un peu ridicule, même. Comme quelqu'un qui menacerait d'exploser sur place, titubant, ivre, déjà plus humain. Voilà que je me mets à rire jaune.

C'est parce que l'incertitude qu'est ma vie, cette incapacité à *me contenir,* j'en ai un peu honte. Oui, finalement, c'est comme les femmes qui ont honte de leurs règles, parce que c'est du sang qui coule sans qu'on puisse l'arrêter. J'ai beaucoup réfléchi à la question des règles. C'est terrible d'avoir honte d'une chose naturelle, qui plus est, liée à la conception de la vie. Pour moi, c'est pareil. « Tu ne peux pas te retenir ?! » C'est ce qu'on dit au petit qui fait pipi sur lui ou caca dans sa culotte. Je me rends compte que je porte en moi une honte totalement masquée par tout mon attirail médical.

C'est curieux en fait, ce sentiment de se sentir fragile *dedans*. De l'extérieur, ça va, je tiens la route, je suis normal. Mais à l'intérieur, c'est comme si tout était chamboulé, déstructuré, chaviré. Un appartement inondé et les objets qui flottent un peu partout. Et je le cache très bien aux autres. C'est la même situation que quelqu'un qui est très ému, tout chamboulé dedans et qui fait de gros efforts pour que rien ne paraisse devant les autres, qui « met le masque ». Pourtant, dedans, qu'est-ce qu'il souffre... Nous les hémophiles, c'est pareil sauf que, même à nous-mêmes nous le cachons...

« Notre expérience est indicible. »

Non, la seule certitude, c'est que si je ne me traite pas, tôt ou tard, l'hémorragie arrivera. Inévitablement, elle arrivera. Curieusement, l'ordre naturel m'a conçu comme un récipient de sang destiné à se vider. Un individu prévu pour mourir trop tôt.

Peur, fragilité, honte. Je me rends compte que ces sentiments sont en moi *tout le temps,* mais qu'ils sont bien masqués par le traitement. Celui-ci occulte une part de moi-même : la part *menacée*.

J'y vois deux inconvénients.

Tout d'abord, je suis à peu près persuadé que ces sentiments occultés ont une influence néfaste sur ma vie. Ne pas en être conscient m'empêche d'agir sur eux, je les subis sans le savoir.

D'autre part, avec le traitement, je ne peux être, simplement, ce que je suis, même dans mes fragilités. Vous allez dire, à quoi bon se sentir fragile, avoir peur de tout ? Vous venez de dire que c'est néfaste. Autant se soigner et se sentir en sécurité ! Prenons la médecine, elle est là pour nous. Oui, bien sûr. Mais je sais aussi que ce qui me nuit est une terre féconde. Que je ne perds jamais à être moi, même dans mes failles, surtout dans mes failles, car elles sont autant de zones sensibles, de parts *motrices parce qu'en manque*, et à partir desquelles les rencontres peuvent être plus riches parce que plus vraies, je veux dire, sans protection superflue. Que ce sont mes faiblesses qui me poussent à construire le monde.

Le bon côté du risque ? Eh bien, par exemple, cela me permet d'éprouver le prix des choses, cela aiguise ma sensibilité et me permet de ressentir la joie et la peine avec intensité, de goûter les bons moments, d'accepter de souffrir quand ça va mal. Et, reconnaissant cela chez les autres lorsqu'ils le vivent, de les comprendre, au moins un peu.
Cela m'aide aussi, peut-être, à savoir donner. Parce que donner est un risque : le risque de perdre – pour souvent retrouver ensuite.

Cela m'aide à me sentir en vie.

Ça ne vaut pas la peine, ça ?

Je me pose alors cette question : et si le risque qui me fonde et *m'aiguise*, moi l'hémophile, au lieu de l'ignorer, je l'assumais et en faisais une force ? Si je tirais de cette fragilité une aptitude plus grande encore à ressentir, à donner, à aimer ?

Après tout, le sang est amour...

Marseille, mon cœur peut s'épancher

Je suis à Marseille en haut des marches de la gare Saint-Charles. Je surplombe la ville. Seule la Bonne Mère nous dépasse. J'attends un train, quelques dizaines de minutes, là, dans cette ville que je retrouve. J'aime Marseille. Ici, j'éprouve un sentiment particulier, le même que lorsque j'y suis venu seul, il y a quinze ans. Le même que j'ai ressenti à Budapest, là aussi seul. J'ai éprouvé cela aussi à Arles, la ville de mon enfance. C'était avant la période de rupture.

Aujourd'hui, je peux enfin écrire sur ce sentiment, quelque chose a changé, je peux formuler, dire. Il est question *d'épanchement*. Ici et dans les autres lieux que j'ai cités, mon cœur avait pu s'épancher. Mon parcours sur le sang me permet d'identifier mes sensations d'aujourd'hui et de les relier à celles d'hier. Comme c'est étrange ! Enfin après toutes ces années, j'ai le mot qui manquait. Je comprends.

Longtemps, j'ai voulu vivre à Marseille, longtemps, j'ai voulu vivre à Arles. Pourquoi ne l'ai-je jamais fait ?... Quelque chose me retenait ailleurs, m'entravait. Vivre dans ces villes aurait été, paradoxalement – car pour Arles, cela signifiait revenir là où je suis né – un acte de liberté. Et c'était impossible pour moi. Il me fallait passer par autre chose avant, vivre dans un ailleurs, où l'émotion que je ressens aujourd'hui ne pouvait pas être.

L'épanchement.

M'épancher, me sentir ouvert, tranquille, avec comme un canal d'amour en moi, disponible, susceptible de recevoir et de donner. *La circulation.* Là où j'ai vécu toutes ces années, au contraire, quelque chose restait bien fermée. Cadenassé même. Ou froidement clos. Un coffre-fort du cœur.

Le parcours que je fais sur le sang, sur mon sang, me permet de libérer en moi ces émotions : l'écriture, les prises de conscience liées au monde aztèque, le jeu théâtral dans ma pièce sur le sang et surtout, évidemment, les traces, tout cela me le permet.

Pourquoi certains lieux me procurent-ils de tels sentiments ? Mystère… Pourquoi Marseille ? ? Peu importe. Maintenant, je sais que « l'épanchement » était bloqué, retenu dans mon cœur autant que dans mon corps. Maintenant, je sais que ma vie va vers sa libération. Ce qui était impossible et m'a obligé à vivre vingt ans dans une ville que je n'ai jamais aimé n'est plus impossible. Je ne sais pas encore exactement ce que c'est, tout ce que cela recouvre, mais je sens qu'il est question d'amour. L'amour est bien ce qui se répand hors de notre cœur lorsqu'il s'épanche, n'est-ce pas ?

Je me sens plein d'amour.

Et j'entends ces mots, portés par les vents du haut plateau, à Mexico Tenochtitlan,

« que ton cœur s'ouvre,
que ton cœur vienne s'épancher[20] »

---

[20]P. SAURIN. La fleur, le chant. In xochitl in cuicatl. La poésie au temps des Aztèques. Grenoble : Éd. Jérôme Millon, 2003, p. 144. Citation de A. PEÑAFIEL, op. cit., f° 26, recto.

Tu n'as aucune importance

Durant cette période unique de ma vie, où tout se bouscule, tout se disloque et se libère, je me pose beaucoup de questions sur le sens de l'offrande de sang, j'ai des prises de consciences très profondes. Je médite sur ceci : « fendre son propre corps afin de l'ouvrir au monde, afin que son intérieur se répande et atteigne l'autre, la nature ». Je suis troublé et touché par la beauté de cet acte.

Rempli par ces questions, un matin, dans un demi-sommeil, je me vois dans une campagne, quelque part, seul, en communion avec cette nature, offert, offrant, en train de saigner. J'éprouve *de l'amour,* l'épanchement de celui qui se donne, qui fusionne. Offrir son sang est un acte physique d'amour.

Mémoire… Il m'est déjà arrivé la même chose…

« Tu n'as aucune importance, mon fils, disait-on à Titlacahuan, et à chacun de ses frères. Ton destin n'a aucune importance. Tu es venu soutenir la marche du soleil par le sang de tes ennemis, car le soleil a des ennemis dans le Mictlan et il lui faut la liqueur sacrée pour récupérer sa force et être victorieux. Telle est la mission et tel est le rite. Telle est la responsabilité de l'homme. C'est pour cela qu'il est venu, pour cela qu'il vit, pour cela qu'il meurt. L'univers se maintient à ce prix. La mission de l'homme est grande, petite est son importance. Il n'est pas l'objet de la création mais bien son soutien, son ministre, sans lequel le soleil pâtit. En comparaison de cela, rien n'a d'importance, rien ne compte, rien ne vaut la tâche humaine (…)[21] ». José Lopez Portillo, auteur mexicain contemporain, nous offre une très belle évocation, limpide et poétique, du rite aztèque de l'offrande de sang et du sens de la vie pour les anciens mexicains.

Ce texte résonne avec un moment décisif, un moment charnière de ma vie. À six jours, je suis circoncis mais je saigne plus que de mesure, il faut m'emmener d'urgence à l'hôpital. C'est là que l'on découvre que je suis hémophile. Seconde naissance. Ma vie se tache de rouge, pour toujours.

Dans mon corps-esprit de nouveau-né et à travers la frayeur de mes parents, je vis cela comme étant le sens, le but de ma vie. Je suis né pour perdre mon sang, pour être en abandon, pour couler, me répandre, tout laisser couler. Avec toute la beauté que cela comporte. Tout cela je le vis dans l'entièreté naïve de ma vie toute neuve.

« En comparaison de cela, rien n'a d'importance ».

En fait, il n'y en a pas, de sens, au fait que je saigne autant ! Mais le corps-esprit d'un nouveau-né, lui, ne peut que donner un sens à ce qu'il vit. Je ne parle pas ici d'un sens mental mais d'un état, d'une *cohérence*. C'est l'absolue fusion du nouveau-né avec ce qui l'entoure.
Et pour un psychisme de nouveau-né, chaque chose vécue laisse des traces de sens.

Ce qui l'entoure est nuit, il est nuit.
Ce qui l'entoure est amour, il est amour.
Ce qui l'entoure est sang, il est sang.

---

[21]J. LOPEZ-PORTILLO Y PACHECO. Quetzalcoatl. Paris : Éd. Gallimard, 1978. p. 173.

C'est une trace profonde en moi. Et à six jours, les traces restent indélébiles.

« Rappelle-toi, souviens-toi, tu as été ainsi, tu as été le don, le don de ta personne, le don de ton sang. Rappelle-toi, souviens-toi, le sang qui coulait, la pyramide, le temple, rappelle-toi, souviens-toi, le sang est la nourriture, ton corps n'est que le récipient, le vase. »

Oui, je me rappelle, je me souviens. Je pense que je dois mourir. Mon corps-esprit ne perçoit qu'une seule chose, je vais me vider de mon sang. C'est ce qui doit. Je suis né pour mourir. À six jours. Et c'est une vie complète. Qu'est-ce que la longueur de la vie ? Ma vie aura été complète parce qu'elle aura abouti. Donner tout son sang, c'est tout donner. C'est un absolu que perçoit le corps-esprit du nouveau-né. Tout donner, c'est avoir vécu, c'est être allé au bout.

Cette marque, cette empreinte profonde dans l'oubli de ma vie, elle revient à ma mémoire grâce aux fous Aztèques et à leur civilisation de l'offrande vitale. Grâce à eux, cet événement qui ne pouvait avoir de sens dans le cours normal d'une vie d'adulte peut se réinscrire en moi, je peux *l'entendre* à nouveau, lorsque tout à coup, férocement, la bête, le « tigre de sang », sortit de son antre et nous effraya tous, mes parents, ma sœur, et moi. Voilà pourquoi l'image des sacrifices m'est nécessaire. La circoncision, c'est une goutte, la « mort d'obsidienne », c'est un flot. Comme l'hémorragie de ma seconde naissance.

… Mémoire… « le sexe rouge, emmailloté dans un gros pansement plein de sang ». Cette image-là, c'est celle d'un enfant que j'ai vu plus tard, comme ça, à l'hôpital.

C'est un écho très fort, une impression de déjà-vu, comme si c'était moi, cet enfant, comme si je me voyais. Je m'en rappelle encore.

De mon saignement par le sexe, où est la fin ? Le sens des frontières de mon corps s'estompe à ce moment-là, inscrivant en moi l'impression d'être « sans limites », dissous, d'avoir toujours en moi comme une porte entrouverte...

Face à cet état, il y a alors ce que m'offre la médecine, le soin, qui fait coaguler mon sang, qui « ferme » et me permet de me réapproprier ma vitalité. Il y a un autre possible que de naître pour disparaître, un autre choix que mourir. Finalement, me vider est peut-être décevant, déprimant...

Il existe un principe alchimique nommé « Solve et Coagula », dissoudre et coaguler, qui exprime les deux phases de transformation de la matière et de l'alchimiste lui-même vers leur purification : élargir d'abord, recentrer ensuite. C'est un peu ça, ma vie, cette dualité... Me perdre, me retrouver, me répandre, me resserrer, encore et encore.

... Mémoire... L'hémorragie cesse. Je perçois la coagulation, le maintien de la vie, la respiration, le battement du cœur. Je perçois le bras qui se tend, le corps tout entier, les pieds, les jambes, le buste, la tête, même la tête. Je revis, le mouvement anime mon corps, cela est, cela vient tout seul. Les mains bougent toutes seules.

Nous sommes animés, personne ne sait d'où ça vient. On dit « DIEU » ? Et alors ? Et Dieu, d'où vient-il, lui ? Non, on ne sait pas. On ne sait pas pourquoi le bras se tend, pourquoi la main s'agite. Pourquoi on respire. Un corps est animé, mais quoi ? Je vis. Rien. Rien d'autre que la vie. Et pas besoin de Dieu, vous voyez bien. Je suis en vie, il n'y a rien d'autre. La vie, c'est au-delà de moi, au-delà de ma conscience, qui apparaîtra plus tard dans mon corps et mon esprit d'adulte. Au-delà. Mais c'est totalement moi pourtant. Alors l'au-delà est en moi ? Cela me dépasse totalement et en même temps, c'est moi. Je suis en vie. C'est-à-dire, il y a la vie et j'y suis. J'y suis rentré, j'y suis venu. Je suis devenu.

Mais je ne peux aller plus loin, le souvenir est absent… Un secret se cache dans mon inconscient, le secret de ces jours de peur, de panique, de ces jours où l'intérieur de mon corps, ma sève même, étaient projetés au-dehors, ces jours où ma vie s'en allait, vaisseau d'un capitaine exalté par la découverte de l'inconnu et ivre de se perdre dans l'immense océan, au-delà de l'horizon. Au-delà de moi…

Est-ce le sentiment de puissance qui réparera ce naufrage ?

Être prêt

C'est ma mère, d'origine catholique, qui avait décidé de me faire circoncire, comme si j'étais juif, alors que je ne le suis pas. C'est mon grand-père paternel qui l'était, juif tunisien. J'ai donc été baptisé *et* circoncis. Ma mère avait demandé à un rabbin de venir chez nous et d'accomplir le rite dans les règles. Pourquoi ? Elle voulait que je rende hommage en mon corps aux membres juifs de la famille de mon père, morts à Auschwitz. En quelque sorte, elle voulait créer une *nouvelle alliance*[22] avec ces cousins disparus, à travers moi.

Cet acte étrange m'a toujours paru, depuis que j'ai pris conscience de son importance, comme une sorte de viol. En sont nés des sentiments très ambigus vis-à-vis de ma mère. Cette alliance qu'elle voulait entre moi et nos ancêtres juifs – la circoncision marque, dans leur chair, l'alliance des hommes avec Dieu – je percevais que c'était surtout une alliance étouffante et pathogène *avec elle*.

Et voilà que, des années après, parce que j'explore la question du sang, ce geste troublant prend sens avec une phrase de Rachi de Troyes – commentateur biblique du XIIe siècle – à propos du sacrifice d'Isaac. Il répond à la grande question : comment Dieu peut-il demander à Abraham de sacrifier son fils, Isaac ? « Dieu ne lui dit pas [à Abraham] : Immole-le. Le Saint, Béni soit-il, ne voulait nullement cela, mais seulement le faire monter

---

[22] La « Nouvelle Alliance » est un concept chrétien qui fait référence au sang de l'alliance – le sang de la circoncision chez les juifs – qui relie l'homme à Dieu. Le Christ, par ce terme de Nouvelle Alliance, annonce qu'il dépasse l'ancienne religion et offre à l'humanité un nouveau lien à Dieu à travers son propre sang.

sur la montagne pour donner à la personne d'Isaac le caractère d'une offrande à Dieu. Et une fois qu'il l'aura fait monter, Il lui dit : Fais-le descendre[23]. »

Dieu n'a jamais voulu la mort d'Isaac, il voulait pousser Abraham à être prêt à abandonner ce qui fondait son identité même – son propre fils – pour lui permettre d'accéder à une dimension supérieure de son être, ouverte sur l'univers entier. Ouvrir les bras et tout donner, pour mieux recevoir, pour mieux devenir.

Cette phrase éclaire, *illumine* devrais-je dire, l'acte qu'a accompli ma mère à mon sujet : elle voulait « donner à ma personne le caractère d'une offrande au divin »... C'est une idée magnifique, au fond ! Maintenant qu'il m'est possible de l'accepter, je perçois, oui, l'immense espace intérieur que cela a créé dans ma vie. Je me sens grand, je me sens vaste.

Ma mère, grâce à toi, j'ai compris le sens ultime des sacrifices... *Être prêt*, comme Abraham, à sacrifier même son propre fils, même sa vie, mais finalement *ne pas avoir à le faire*.

Comme un secret du bonheur...

Aujourd'hui, en traçant et en écrivant cette histoire, je fais don de mon sang « au divin », c'est-à-dire à la vie. Et comme Abraham finit par dire merci à Dieu, je dis merci, merci pour cette vie, merci, même, pour cette maladie. Peu importe la maladie, puisque je lui donne sens. Elle ne m'entrave plus. Ne serais-je pas même, quelque part, *guéri* ? Puissent les médecins entendre mon témoignage.

---

[23] M. BALMARY. Le sacrifice interdit. Freud et la Bible. Paris : Éd. Grasset, 1986, p. 232. Citation de Rachi de Troyes non identifiée.

Le sang danse maintenant sur mes toiles. Je me libère et moi aussi, réellement, je danse. Ma santé est excellente. Mes problèmes hémorragiques, toujours présents, ne me gênent pas. Mon genou est entraîné dans mon désir de vivre. Il suit mes pas... Mon corps retrouve la joie.

En traçant, je comprends qu'il me faut « faire sacrifice » de mon sang dans le seul sens qui en soit acceptable, celui d'une *offrande symbolique,* c'est-à-dire sans devoir mourir, pour atteindre à nouveau la simplicité de vivre.

Est-ce le véritable sens de la vie, la joie ?

La danse.

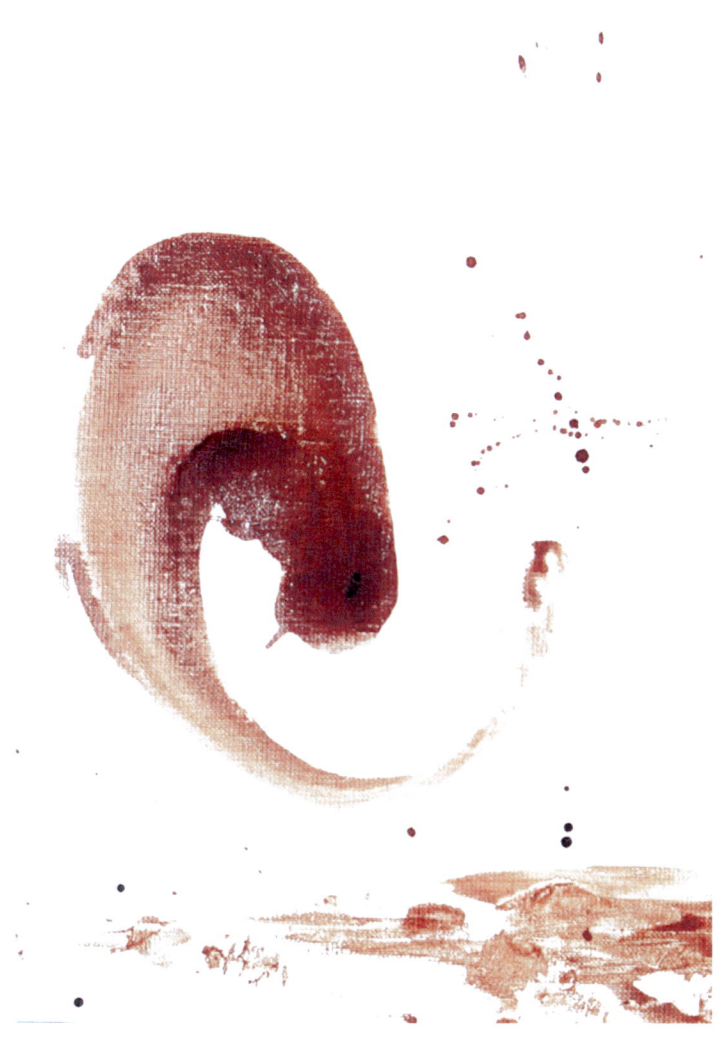

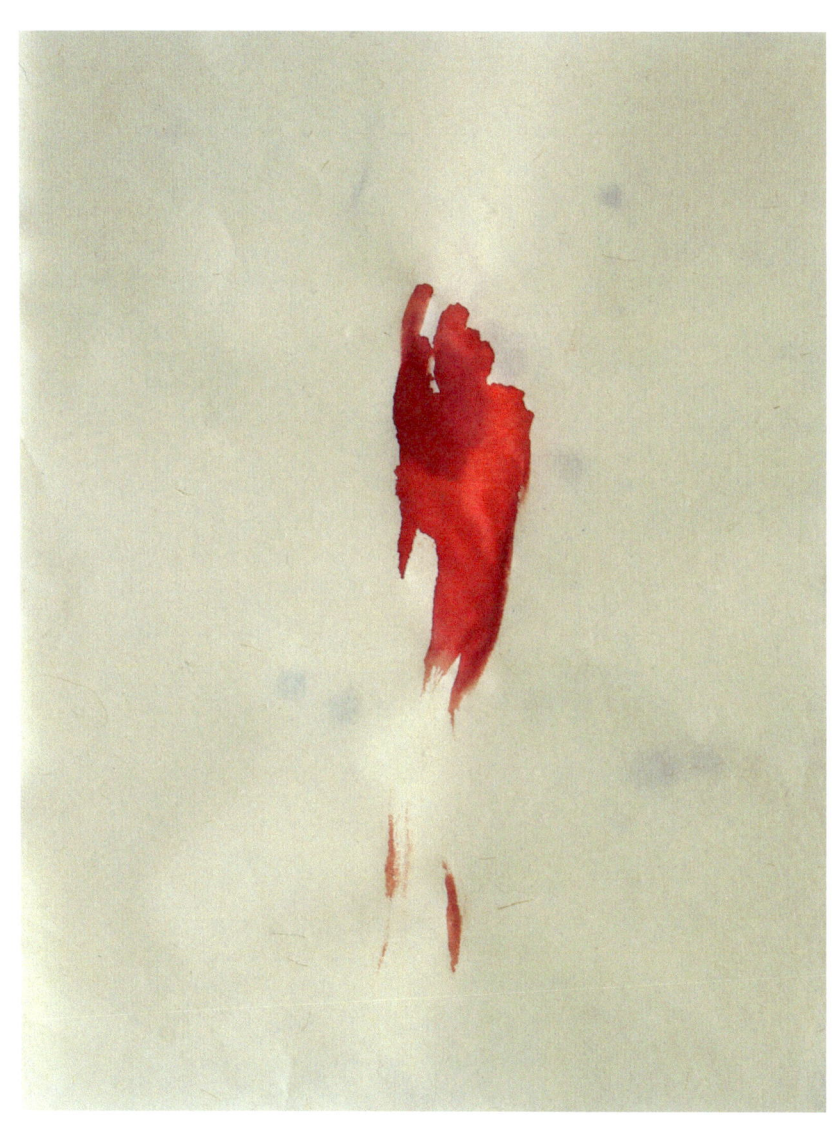

Deuxième partie

INFINI

Chrétien

La parabole biblique d'Abraham, son écho avec ma vie me décident à continuer mon exploration. Je dois maintenant aller à la rencontre de la symbolique du sang dans *ma* culture et étudier la place du sang dans le monde judéo-chrétien, le sang du Christ.

Je quitte les hauts plateaux de Mexico Tenochtitlan et reviens, les mains chargées de trésors invisibles, en terre chrétienne...

« Alors, un des soldats lui ouvrit le côté de sa lance et il en sortit du sang et de l'eau.
Vite, hâte-toi, va manger le rayon avec ton miel, va boire ton vin avec ton lait. Car le sang se change en vin pour t'enivrer et l'eau devient du lait pour te nourrir.
Vraiment, des fleuves ont jailli pour toi de la pierre, des trous ont été percés dans la muraille de son corps : les blessures de ses membres, au creux desquelles, comme la colombe, tu peux t'aller blottir, les baisant une à une. Et le sang sur tes lèvres tracera un fil d'écarlate et ta parole deviendra suave[24]. »

« Je vous écris (…) avec le désir de vous voir la vraie servante et fille du doux et bon Jésus, toute baignée et toute revêtue du sang du Fils de Dieu, afin que vous soyez dépouillée de tout vêtement d'amour-propre, de toute négligence et de toute ignorance. Je veux que vous imitiez la douce et tendre Madeleine, qui ne pouvait se détacher de l'arbre de la très sainte Croix, mais qui s'enivrait toujours, se couvrait du sang du Fils de Dieu, et s'en remplissait tellement la mémoire, le cœur et l'intelligence, que jamais il ne lui fût possible d'aimer autre chose que Jésus Christ[25]. »

---

[24] A. DE RIEVAULX, *La vie de recluse. La prière pastorale.* Trad. Ch. DUMONT. Paris : Éd. du Cerf, 1961, p. 141. Moine cistercien du XIIᵉ siècle.

[25] D. BIALE. Le sang et la foi. Paris : Bayard, 2009, p. 151. Citation de C. DE SIENNE, Lettres, tome 2, lettre 347, p. 1653.

Eucharistie humaine

Lorsque je pénètre dans cette libraire catholique du deuxième arrondissement de Paris, je me retrouve immédiatement transporté dans un autre monde. Moi qui voulais me rapprocher de ma culture… Mais je n'en suis nullement étonné, je ne crois pas en Dieu, je ne suis pas chrétien. Pourtant, dans ce lieu, au niveau de ma pensée et de mes croyances, je me sens perturbé. Le dogme est fort ici. L'altérité spirituelle peut avoir quelque chose de violent, plus encore que la différence de culture. Je me fonds toutefois dans l'ambiance et furète dans les rayons. Je cherche la parole officielle, ce que dit vraiment l'église sur le sang du Christ. Un petit livre intitulé *Ce que dit le Pape. Le corps et le sang du Christ*, recueil de textes et d'homélies du Pape Jean-Paul II, devrait répondre à ma demande. Je m'en retourne chez moi. Cette plongée là où les non catholiques comme moi ne vont pas est déjà en soi une expérience.

Au premier abord, le petit livre et d'autres que j'ai achetés me heurtent. Dans mes notes de lecture, je les raille. La nécessité du miracle pour accéder à la foi, pour être sauvé, me paraît ridicule. Honnête, toutefois, je reconnais que j'ai un rapport tendu avec ce dogme, comme si je résistais. À quoi ? Je ne suis pourtant pas un rationaliste rigide, je crois l'avoir exprimé dans ces pages… Est-ce l'idée de soumission à Dieu qui me met sur la défensive ? Probablement. Les premiers textes que je lis sont issus d'ouvrages de catéchisme et c'est bien ceux-là que je voulais : la parole officielle telle qu'elle est délivrée au croyant.

C'est alors qu'un autre écrit de Jean Paul II sur l'Eucharistie, *Ecclesia de Eucharistia*, daté de 2003, m'ouvre des horizons nouveaux et totalement insoupçonnés. Je me laisse toucher par une main apaisante, mes résistances cèdent. À nouveau, comme avec les Aztèques, j'éprouve l'émotion d'une rencontre, c'est comme une voix familière, qui me parle. Mais mon émotion n'est pas le signe d'une conversion. Non, je ne crois toujours pas en Dieu… C'est autre chose et j'en suis le premier surpris : j'accepte la rencontre avec un monde différent. Si je résistais, c'était en fait par peur de perdre l'autonomie de ma pensée. Mais il n'y avait pas de risque. Je reste moi-même et j'écoute.

Et là, je réalise, profondément stupéfait, que ce que me dit cette voix, je le sais déjà.

« Nous revoyons Jésus qui sort du Cénacle, qui descend avec ses disciples pour traverser le torrent du Cédron et aller au Jardin des Oliviers. Dans ce Jardin, il y a encore aujourd'hui quelques oliviers très anciens. Peut-être ont-ils été témoins de ce qui advint sous leur ombre ce soir-là, lorsque le Christ en prière ressentit une angoisse mortelle et que "sa sueur devint comme des gouttes de sang qui tombaient jusqu'à terre" (Lc 22, 44)[26]. »

« Son sang, qu'il avait donné à l'Église peu auparavant comme boisson de salut dans le Sacrement de l'Eucharistie, *commençait à être versé*. Son effusion devait s'achever sur le Golgotha, devenant l'instrument de notre rédemption : "Le Christ…, grand prêtre des biens à venir…, entra une fois pour toutes dans le sanctuaire, non pas avec du sang de boucs et de jeunes

---

[26] JEAN-PAUL II. Ecclesia de Eucharistia, Rome : 2003, p. 3.

taureaux[27], mais avec son propre sang, nous ayant acquis une rédemption éternelle" (He 9, 11-12) [28]. »

« Rappelons-nous ses paroles : "De même que le Père, qui est vivant, m'a envoyé, et que moi je vis par le Père, de même aussi celui qui me mangera vivra par moi" (Jn 6, 57). C'est Jésus lui-même qui nous rassure : une telle union (…) se réalise vraiment. *L'Eucharistie est un vrai banquet*, dans lequel le Christ s'offre en nourriture. Quand Jésus parle pour la première fois de cette nourriture, ses auditeurs restent stupéfaits et désorientés, obligeant le Maître à souligner la vérité objective de ses paroles : "Amen, amen, je vous le dis : si vous ne mangez pas la chair du Fils de l'homme, et si vous ne buvez pas son sang, vous n'aurez pas la vie en vous" (Jn 6, 53). Il ne s'agit pas d'un aliment au sens métaphorique : "Ma chair est la vraie nourriture, et mon sang est la vraie boisson" (Jn 6, 55) [29]. »

« Celui qui se nourrit du Christ dans l'Eucharistie n'a pas besoin d'attendre l'au-delà pour recevoir la vie éternelle : *il la possède déjà sur terre*, comme prémices de la plénitude à venir (…)[30] ».

Jusqu'alors, comme toutes les images chrétiennes, ce type de paroles sur l'eucharistie me semblait hermétique et irréelle. Elles me rendaient indifférent, dubitatif. Lors de cette nouvelle lecture, tout change. Désormais, ces mots résonnent très fort en moi, en écho avec ma vie et

---

[27] Jean-Paul II fait allusion ici aux sacrifices d'animaux pratiqués par les juifs à l'époque.
[28] JEAN-PAUL II, op. cit., p. 4.
[29] Ibid. p. 10.
[30] Ibid. p. 11.

mon histoire avec le sang. C'est tout à fait déroutant : il aura fallu que j'en passe par cette aventure avec mon propre sang, dans sa dimension « spirituelle » mais sans idée de Dieu, suivant un processus d'incarnation personnelle, pour que je saisisse, comme jamais auparavant, le sens de l'eucharistie en tant qu'incarnation là aussi, dans « le corps et le sang », et que je me rapproche, comme jamais je ne l'avais fait auparavant, du christianisme... Comment peut-on se sentir si proche de textes religieux sans pour autant adhérer à ce qui les fonde ? Serais-je en train de vivre une expérience de foi en dehors de l'idée de Dieu ? Assurément, mon chemin de bouddhiste m'y conduit et me montre que cela est possible. Pourrait-on alors définir une foi « fondamentale », racine commune aux expériences de foi, avec et sans Dieu ?

Une idée commence à germer dans mon esprit, celle de la foi en tant qu'expérience existentielle fondamentale, inhérente à la vie même, et que les religions auraient progressivement habillée de leurs atours. Expérience que j'aurais « revécue » avec mon sang, c'est-à-dire, *avec mon corps*. J'imagine alors l'essence de ce que serait « la foi », issue, à l'origine, du corps et du corps seul, en tant que point d'ancrage premier et unique de notre vie sur terre. Tout viendrait d'abord de notre corps. Car où palpite la vie sinon en lui ? Et la foi dont je parle ici n'est rien d'autre qu'une foi « vitale », essentielle, organique, impensée. La foi de la matière qui vit, qui est. Sans qu'il y ait nécessité de Dieu. C'est un point central dans ma réflexion et j'y reviendrai, mais auparavant, je dois m'attarder sur l'eucharistie.

Car je fais une autre découverte, c'est la place décisive du sang dans le christianisme. Quoi qu'en disent les chrétiens, leur religion est une religion du sang. Cet aspect de sa mystique m'avait totalement échappé lors de mon bref passage au catéchisme ainsi que dans mes divers contacts avec l'Église. Dans ces lieux-là, rien ne pouvait me faire soupçonner la force du lien qui unit les chrétiens au sang, rien… D'ailleurs, les chrétiens eux-mêmes la soupçonnent-ils ?! En réalité, l'Église ne peut – ou ne veut – donner accès, dans son enseignement, à la profondeur mystique du sang.

« Le Christ entra une fois pour toutes dans le sanctuaire avec son propre sang. » Ce passage de la Bible résonne de façon inouïe avec l'acte qui est mien d'offrir mon propre sang sur des toiles, pour moi dont le sang est médicalement intransmissible car contaminé. Il y a, dans ce passage de la Bible, la même idée de danger, d'acte décisif, de puissance spirituelle portée par un homme seul, fragile parce qu'il est homme, puissant parce qu'il saigne.

Ce que je vais questionner dans les pages qui suivent, c'est que cette offrande, je la réalise moi aussi, mais d'une autre manière, *en tant qu'homme*. C'est ce que je nomme l'eucharistie humaine.

Tout d'abord, qu'est-ce que l'eucharistie ?

Le mot vient du grec ancien εὐχαριστία, eukharistía ou « action de grâce », c'est-à-dire, attitude de reconnaissance envers Dieu. C'est le rituel principal de l'église catholique, le point culminant de la messe, lorsque le prêtre lève la coupe et l'hostie, en offrande au seigneur, et répète les paroles de Jésus : « Ceci est mon corps, ceci est mon sang ». Selon le dogme, à ce moment-là, le corps et le sang du Christ « deviennent réellement présents dans le pain et dans le vin ».

Selon le concile Vatican II, l'eucharistie est « source et sommet de toute la vie chrétienne[31] ». Ainsi, l'axe du dogme chrétien est un miracle : la survenue du Christ dans la matière, dans les « espèces » que sont le pain et le vin. Ce miracle a pour nom transsubstantiation.

L'eucharistie est également la réactualisation, lors de la messe, du sacrifice du Christ. Elle est célébrée afin que tous puissent, en « assistant » à la Passion, en obtenir la rédemption, car c'est pour nous sauver que le Christ a saigné.

Ce rituel trouve son origine dans la Cène, dernier repas de Jésus avec ses disciples, le Jeudi Saint : « Pendant qu'ils mangeaient, Jésus prit du pain ; et, après avoir rendu grâces, il le rompit, et le donna aux disciples, en disant : Prenez, mangez, ceci est mon corps. Il prit ensuite une coupe ; et, après avoir rendu grâces, Il la leur donna, en disant : Buvez-en tous, car ceci est mon sang, le sang de l'alliance, qui est répandu pour la multitude, pour la rémission des péchés[32]. » Le lendemain, les soldats romains l'arrêtent et Jésus meurt sur la croix. Il a offert sa vie – son corps et son sang – « en rémission de nos péchés », mais avant de mourir, il a légué à ses disciples, présents et à venir, ce rituel créé avec son sang qui permettra au fidèle de se relier à lui « pour l'éternité ».

Ainsi, l'eucharistie, héritage de Jésus-Christ, est issue de

---

[31] Conc. œcum. Vat. II, Const. dogm. sur l'Église Lumen gentium, n° 11.
[32] Évangile selon Matthieu, 26, 26–28.

son corps même, comme si l'essence de son enseignement avait son siège là, dans la matière.

Parallèles

Que serait donc alors une « eucharistie humaine » ? Et peut-on légitimement utiliser une telle expression ?... Les éléments sur l'eucharistie que je viens de donner indiquent qu'elle est un rituel issu du sacrifice d'un homme-dieu, donc d'ordre mystique, voire mythique... En employant l'expression « eucharistie humaine », je ne cherche pas à dire « je suis Jésus » !... Ressentant une puissante proximité avec l'eucharistie chrétienne, je dis qu'un être humain ordinaire peut vivre en son corps une expérience spirituelle, certes différente, mais, malgré tout, de même nature.

Voir l'éternité.

Dans la coupe de « sang », à la messe, le fidèle voit Jésus dans sa dimension divine et éternelle.
Dans mes traces de sang, je vois la vie dans sa dimension fondamentale, éternelle – je veux dire, au-delà de la succession des existences individuelles. Je sens une présence qui n'a ni début, ni fin.

Offrir son sang.

Le sacrifice de Jésus est nécessaire : il fait le don suprême de son corps et de son sang afin que, par sa mort, son absence, nous éprouvions la présence de Dieu et qu'il nous revitalise.
La rencontre avec les sacrifices aztèques m'a également été nécessaire. Elle m'a libéré de la peur de perdre mon sang et d'en mourir : j'avais besoin d'entendre la voix du don du sang. Celui-ci est devenu possible pour moi,

symboliquement, à travers les Traces, et cela m'a rendu plus vivant encore.

Transcender le sang et la mort.

Le Christ meurt mais, en ressuscitant, il montre qu'il a vaincu la mort. Le sang qu'il a versé, qu'il a perdu, est transcendé pour notre salut.
Je suis malade, je saigne, je suis menacé de mort, mais en créant avec mon sang, je transcende cette perte et guéris symboliquement. Je m'en retourne vers la vie.

Être dans l'amour.

Le message et toute la vie de Jésus sont amour. On dit de lui qu'il a fait « la révolution de l'amour ». Il a été au bout de sa cohérence et c'est par amour pour nous, pour nous « sauver », qu'il a accepté sa mission. Je retrouve ce même cœur, totalement paradoxal puisque la mort est au bout, chez les Aztèques, dans leur dévotion.
En traçant, j'éprouve ce que j'appelle « l'énergie d'amour », un sentiment de gratitude à la vie pour m'offrir ce cadeau, et au sang pour nous donner accès à une si merveilleuse dimension. Recueillir mon sang, le présenter à la toile blanche, le verser et le caresser de mes doigts ne sont que des gestes d'amour. Alors les images se créent sans que je les cherche.
Dans les deux cas, l'amour est un catalyseur essentiel, indispensable.

Percevoir la dimension immatérielle du corps.

Pour Maurice Zundel prêtre libre d'esprit et de parole, être vraiment chrétien c'est « se ressusciter soi-même », être vraiment présent et pour cela, manifester la nature immatérielle de son propre corps.

Au cours de cette aventure, j'ai découvert le « sang immatériel », cet au-delà de lui-même que nous donne à voir le sang et cela m'a rendu plus présent à moi-même. Mes traces tentent de rendre manifeste cette dimension mystérieuse de la vie.

Au fil de ces parallèles entre l'eucharistie chrétienne et mon expérience du sang se dessine une étrange convergence. Malgré les différences de perspectives, mystique religieuse d'un coté et conscience de la vie en soi de l'autre, semble apparaître en filigrane *un même processus*. Je le définirais comme suit : donner accès à la dimension éternelle de la vie en créant du sens avec son sang.

« Créer du sens avec son sang », c'est la Cène, sang offert à tous les disciples présents et à venir, puis la Passion, sang répandu pour le salut de l'humanité, ou pour moi, la création des traces, signes de sang. À chaque fois, il y a transformation de la matière sang en symboles[33].

« Dimension éternelle de la vie », c'est la référence au Dieu éternel et à la présence de Jésus lors de la messe, *par-delà sa mort*, dans son éternité, ou bien, dans mon expérience, c'est cette rencontre, dans la trace de sang, avec la vie, comme une présence intemporelle, « sans début ni fin ».

---

[33]On pourrait relever une contradiction apparente. Si je trace avec mon sang, Jésus, lui, crée « l'image eucharistique » lors d'un repas, avec du vin et non directement avec du sang. Toutefois le sang du Christ a bel et bien coulé le lendemain sur la croix et l'acte eucharistique du vendredi est une préfiguration de ce sacrifice. Jésus a réellement créé du sens avec son sang.

« Donner accès » signifie que le but recherché est une transmission. Jésus veut relier les humains à Dieu. Il laisse après lui un rituel, créé avec son propre sang, pour que les gens ne s'éloignent jamais du divin. Moi, au départ, je ne veux rien ! Je vis une expérience pour moi, pour ma vie. Mais, par la suite, pressentant l'importance de ce que mon sang me révèle, je n'ai qu'un désir, celui de partager ma découverte avec les autres. Quelle découverte ? Que nous serions tous habités par une puissance vitale immense, inhérente à nos vies et non dépendante des dieux. Car mon expérience avec le sang est l'expérience d'un universel. Les traces ne sont pas une image de moi-même, ce n'est pas mon sang que je vois sur la toile, c'est *le sang*. Ce qui est mis en jeu ici est un archétype qui nous concerne tous. Je n'en suis que le transmetteur.

Quel est alors cet universel ? C'est la question de la vie et de la mort mais, plus précisément, de l'éternité de la vie. Le sang, dans l'imaginaire humain peut-être le plus ancien, touche à cela. C'est pour cette raison que, depuis la nuit des temps, les religions en font usage. Ce que je découvre, concrètement, « dans ma chair », au fur et à mesure de ce cheminement, c'est qu'un simple être humain détient en lui et de façon autonome, cet infini que sont censés lui accorder les dieux. L'expérience que je fais d'appréhender l'éternité de la vie dans mon corps et dans mon sang a beau être exceptionnelle dans son processus, elle n'en reste pas moins proprement humaine dans sa nature.

Ceci pour élucider, notamment, comment je peux oser mettre en parallèle mon expérience d'homme avec l'eucharistie chrétienne... Je ne me considère en aucune manière comme un dieu ! C'est plutôt Jésus qui, selon moi, était un homme – et, sous ma plume, ce n'est nullement le réduire que de dire cela : un homme ordinaire qui eut le génie de révolutionner sa propre vie, d'y faire naître l'amour de l'autre, et qui développa par sa foi, la puissance et le courage de répandre, telle une traînée de poudre, cet enseignement neuf. Qui perçut, en son corps et en son sang, la puissance de la vie, qu'il nomma « Père », conception nécessaire, historiquement, à l'esprit de Jésus lui-même et de ses contemporains. Et qui révéla ce qui me semble être plutôt une réalité physique : la dimension infinie est en chaque vie.

Par ailleurs, et c'est un point clef que j'ai évoqué plus haut, il me semble que mon « expérience eucharistique » n'a pu avoir lieu que parce qu'elle était catalysée par un sentiment de gratitude, par une forme « d'amour ». Chez les chrétiens, eucharistie signifie bien « action de grâce », gratitude dirigée vers Dieu en remerciement pour ses bienfaits. Dans mon cas, l'état intérieur nécessaire à la trace est ce que j'appelle « énergie d'amour » : un sentiment de reconnaissance pour ce « nouveau sang » apparu dans ma vie, libéré du poids de la maladie, et plus largement gratitude pour le simple fait d'être en vie. Je vois bien que ce sentiment est essentiel dans le déroulement du processus. Aborder mes traces dans une approche purement rationnelle ne permettrait pas, je pense, d'y voir cet « au-delà de la matière » dont je parle. Ce que je dis là questionne la notion d'objectivité. Je pense qu'il y a une part essentielle de la vie que l'on peut appréhender de l'extérieur et qu'il est important de considérer que l'intuition, en jeu ici, est bel et bien une *pensée du réel*.

Enfin, il me faut évoquer un dernier point à propos de l'eucharistie humaine. Pourquoi ai-je eu besoin de faire tout cela et de m'inscrire à ce point dans la symbolique du sang ? Pour quelles raisons ? Parce que le sang et l'esprit sont deux fondements de ma vie et que j'avais un chemin à construire dans ces deux immensités : je suis un Emmanuel, circoncis, baptisé et hémophile. Et je suis fils de mes pères.

« Immanuwel » est l'autre prénom de Jésus, cela signifie en hébreu « Dieu est avec nous » ;
« Coignet », nom de ma mère, est le nom de la pierre d'angle de l'église ou « pierre du coin »[34]. Rejetée par les architectes, représentant Lucifer en tant que guide intérieur de transformation, elle est insérée au centre de l'autel et symbolise le Christ ;
mon ancêtre, François Coignet, a mis au point en 1853 une des premières formules de béton, en « coagulant » entre eux sables, chaux et autres minéraux ; moi je ne coagule pas...
Braïtou-Sala, mon grand-père paternel était peintre. Tracer, pour moi, c'est établir une continuité avec lui ;
c'est au cours de mon « atypique circoncision » que mon hémophilie s'est révélée ;
plus tard, j'ai été chrétien par le baptême et le catéchisme ;
ma « Passion », enfin, peut-être, ce sont ces hémorragies hémophiliques répétées depuis mon plus jeune âge, tels

---

[34] FULCANELLI. Le mystère des cathédrales. Paris : Éd. Albin Michel, 2015, p. 31. « Notre-Dame de Paris possédait un hiéroglyphe semblable (...). C'était une figure de diable, ouvrant une bouche énorme, et dans laquelle les fidèles venaient éteindre leurs cierges ; de sorte que le bloc sculpté apparaissait souillé de bavures de cire et de noir de fumée. Le peuple appelait cette image Maistre Pierre du Coignet (...). Or, cette figure, destinée à représenter la matière initiale de l'Œuvre, humanisée sous l'aspect de Lucifer (qui porte la lumière – l'étoile du matin), était le symbole de notre pierre angulaire, la pierre du coin, la maîtresse pierre du coignet. "La pierre que les édifians ont rejettée, écrit Amyraut, a esté faite la maistresse pierre du coin, sur qui repose toute la structure du bastiment". »

les coups de lance du centurion, les plaies de la couronne d'épine, ou les coups de fouet, et les contaminations dont j'ai été victime, VIH et hépatite C, outrages supplémentaires, les crachats des passants au visage du Christ.

D'autres hémophiles, bien évidemment, ont vécu les mêmes blessures et pire encore, je ne suis qu'un parmi tant d'autres. Je mets ici l'accent sur *l'ensemble* de ce qui fait mon expérience toute particulière avec le sang, et qui tient tant au corporel qu'au symbolique ou au spirituel. L'hémophilie n'est pas seule en jeu. C'est là peut-être ma singularité, celle qui m'a conduit, après des années de questionnement douloureux, à ce cheminement aux côtés du symbole sang. Ces étages de sens que je viens d'énumérer sont, que je le veuille ou non, inscrits dans mon inconscient, m'amenant à « mal-être » ce que j'étais jusqu'à ce que j'entreprenne de résoudre cette énigme qui me fonde et qui en passe par le sang *et* l'esprit.

C'est pour cela que je pense pouvoir dire que mon travail avec le sang est une « eucharistie humaine ». Eucharistie parce que ce que je cherche à exprimer est l'éternité de la vie qui, dans un émerveillement, m'est apparue lorsque j'ai fait glisser pour la première fois mon doigt trempé de sang sur une feuille de papier. Humaine parce que ce que je donne à voir est le sang humain – et non divin – dans ce qu'il a de sacré : on pourrait dire « ceci est notre sang ». Humaine, également, parce que c'est un homme qui l'accomplit. Eucharistie, enfin, parce que les signes que je crée – *in persona sanguis,* en la personne du sang[35]

---

[35] La messe étant la réactualisation de la Passion, on dit du prêtre qu'il officie « in persona christi », en la personne du Christ. Cela signifie que, sur le plan de la foi, c'est le Christ lui-même qui est présent à l'église parmi les fidèles.

– révèlent cet autre fonction du sang, celle de passeur, de messager de l'invisible en nous.

Car voilà ce qui nous fascine tant dès que nous voyons une simple goutte de sang, sans pour autant comprendre ce qui se joue sous nos yeux. Le sang nous donne accès à ce qui n'est pas immédiatement visible dans le corps mais qui pourtant y réside.

L'immatériel.

Maudits

Moi, j'ai été maudit par le sang. Celui qui, comme moi, est malade du sang, surtout du sang qui coule, parce que cela nous rappelle les sacrifices et les meurtres, est plus que malade, il est maudit.

Pourtant, je crée des traces, calligraphies intuitives, avec mon sang. C'est ce que je fais. Et j'expose de manière éclatante ma part maudite. Maudite, mais transfigurée.

Car j'ai vu la vie dans le sang. Ce que j'y ai vu, c'est la vie.

En dépassant, en outrepassant la maladie, j'ai redécouvert, avec des yeux d'enfant, le sang immatériel, le sang de vie.

Il fallait des yeux d'enfant pour cela.

Car chez nous, ce sang, le sang spirituel, est oublié.
Le seul sang qui accède à ce rang est le sang du Christ.
Aucun autre.

Moi ce dont je vous parle, c'est du sang immatériel humain, du sang spirituel humain.
Celui qui est maudit.

Les Anciens, en voyant leur sang s'échapper d'une plaie, n'ont-ils pas vu cet au-delà de la matière ? N'ont-ils pas compris que notre corps recelait en lui-même ce qui le dépasse, le temps hors du temps ?

Cette intuition des Anciens, c'est l'intuition de la présence de l'infini en chaque être humain, en chaque corps humain.

Ce n'est pas l'intuition de l'existence de Dieu.

Je crois que la « présence réelle du sang du Christ », lors de la messe, est une confiscation : notre propre sang d'être humain est suffisant pour nous relier à l'infini, car il est la manifestation de la Vie.

Les Anciens en avaient eu l'intuition, la connaissance, et nous l'avons ridiculisée, bafouée, car nous croyions savoir.

Mais nous avons tout oublié. Moi, j'ai été maudit mais justement, étant au cœur de la cible, j'ai vu et j'ai pu me souvenir.

Dieu est arrivé après ; avant, il y avait le sang.

À l'origine de la foi

Je comprends alors peu à peu que ma *passion* pour le sang n'est pas dirigée vers le seul sang matière et que je me confronte à une autre dimension, intérieure, non « visible ». Ce qui m'apparaît, ce qui se « révèle » à moi n'a pas tant trait au sang liquide mais à autre chose de plus insaisissable. Je me questionne, réfléchis, mais surtout, laisse venir à moi le sens, la cohérence. Je finis par nommer cela le « sang immatériel ». De quoi s'agit-il ? Je pourrai définir le sang immatériel comme « la conscience de la vie en soi que l'on nomme sang ». En effet, c'est comme si la vie en nous, insaisissable, indicible, s'était focalisée, dans notre imaginaire, sur le sang. Que nous avions associé vie et sang et que le sang en retirait, à nos yeux, une valeur symbolique inestimable.

« Le sang c'est la vie ».

Partout sur terre on entend cette phrase très simple. Elle résume très bien ce que je viens de dire : le sang est le lieu du corps où l'on croit voir la vie. Chacun sait qu'il est en vie mais est incapable de dire où est la vie en lui. Pourtant, lorsque l'on voit du sang, on pense à la vie, on pense « voir » la vie.

« Le sang c'est la vie ». Je voudrais attirer l'attention du lecteur sur ceci : cette expression, universelle, *n'est pourtant pas de nature religieuse*. D'où vient-elle alors ! ? De notre corps et de notre sang… Et des expériences premières, irréductibles, qu'ils nous offrent tous deux. Comme si le rapport premier que nous entretenions avec le monde, avec la vie et l'univers autour de nous, était lié à notre vécu corporel et à l'imaginaire qui lui est associé. Pour ce qui est du sang, je pense qu'il suscite une expérience existentielle fondamentale, celle du sens de la primauté du vivant en nous, de la palpitation de la vie en tant qu'elle est présente à l'intérieur de soi.

J'en déduis que depuis la nuit des temps, les humains ont pu avoir, à travers l'observation du sang, *la conscience d'un état suprême présent en eux-mêmes,* état qui n'est autre que « la vie ». L'expérience du corps, qui est comme je l'ai dit, première, est le lieu de cette conscience sensorielle, intuitive et proprioceptive de la vie. Elle permet de la saisir... sans pour autant la comprendre ! « Le sang, c'est la vie », résumera-t-on...

Dès lors, mon hypothèse est que là serait l'origine de la foi. Cet état suprême qui est, pourrait-on dire, la vie éprouvée, serait le premier des dieux, dieu primordial, dieu sans nom. Non pas entité, encore moins « être suprême », mais plutôt expérience existentielle et sensorielle, question archaïque fondamentale, « être en vie »... De même, qu'est-ce que voir la vie dans le sang sinon « voir l'invisible » ? En effet, puisque la vie en tant que telle n'est jamais visible, la « voir » implique de projeter son esprit vers une autre dimension que celle du manifesté, du matérialisé. Cette autre dimension c'est bien celle qui sera en œuvre dans la spiritualité, elle-même quête de l'invisible. Ainsi, voilà quelle pourrait être l'origine de la foi : « je vois la vie dans le sang » signifie « je *crois* voir la vie dans le sang », **« j'y crois »**. Le saut mental que représente l'acte de foi – croire en la réalité d'une chose invisible, d'un possible non encore manifesté – pourrait être né là, dans l'observation « amoureuse » du sang.

C'est le pape Jean-Paul II qui dit à propos du bonheur de se recueillir devant le pain et le vin – le corps et le sang : « Comment ne pas ressentir le besoin renouvelé de demeurer longuement, en conversation spirituelle, en adoration silencieuse, en attitude d'amour, devant le Christ présent dans le Saint-Sacrement[36] ? »

---

[36] JEAN-PAUL II, op. cit. p. 15.

C'est Perceval qui reste toute une matinée émerveillé par trois gouttes de sang jaillies de la blessure d'une oie sauvage et déposées dans le blanc de la neige : « et moi, j'étais plongé dans des pensées qui me remplissaient de joie. Celui qui voulait m'en détacher ne voulait pas mon bien, car devant moi, en ce lieu ci, il y avait trois gouttes de sang frais qui illuminaient le blanc. À les regarder, j'avais l'impression d'y voir la fraîche couleur du visage de mon amie qui est si belle, et jamais je n'aurais voulu m'en détacher[37]. »

---

[37]CH. DE TROYES. Perceval ou le conte du Graal. Paris : Flammarion, 2012. p. 117.

La foi née de l'observation amoureuse du sang… Oui, c'est cela que je découvre moi aussi, en cheminant auprès de mon propre sang : lorsque je l'observe, je ressens un espace intérieur, une dimension sans limite en moi et autour de moi. Quelle est l'origine de cet « amour », de cette fascination du sang ? Quelles sont ces « premières expériences du corps et du sang » qui nous ont donné l'intuition de la présence de la vie en nous ?

Au départ, je pensais que c'était le sacrifice en tant que première forme de ritualisation du sang, et que celui-ci marquait l'humanité, comme le soutient René Girard, du sceau de la violence. Mais, voilà que ma nièce Agathe lors d'une de nos riches conversations, me confie un secret. Elle m'offre un texte qu'elle n'a encore jamais fait lire à personne. C'est le récit de ses premières règles et du trouble immense qui envahit sa vie à partir de ce moment, jusqu'à déclencher sa maladie. Explorant, à la suite de cette lecture, la question des menstruations, je découvre qu'il serait extrêmement cohérent que cela soit de là que provienne le premier sang ritualisé de l'humanité. Or, le sang menstruel est un sang fondamentalement différent de celui du sacrifice : il s'écoule du corps lors d'un cycle naturel et non d'une blessure provoquée, il est lié à la conception de la vie et non à la mise à mort… Pourtant, le sang des femmes est caché, souvent honteux alors que le sang sacrificiel, mais plus largement, le sang de la guerre, le « sang des hommes », est lui, hautement valorisé.

Voici quelques extraits du texte d'Agathe…

« Les premières gouttes de sang affluent une nuit d'été. Je dors chez une amie, dans le même lit qu'elle. Nous avons tout juste 11 ans, elle n'est pas réglée. Ce sang ne me fait pas peur. C'est la peur du regard de l'autre avant tout, les prémices du secret, les prémices des subterfuges pour que personne ne sache. Combien de temps, combien de mois le secret peut-il se garder ? Car c'est bien un secret si je n'en dis rien, personne ne verra, personne ne saura ce qui a changé. Et pourtant, quelque chose a changé. Enfin se sentir adulte, enfin rêver d'être prise en considération, non plus seulement écoutée mais aussi entendue. Entendue parce qu'il n'y a plus entre moi et les femmes aucune différence : moi aussi je saigne. Leur secret m'est livré par la nature. Il est mien aussi désormais et je le conserve jalousement pendant longtemps, des mois et des mois.

Oui mais le sang encombre, oui mais le sang est beau, je n'ai aucune envie de le cacher, d'entraver son écoulement. J'aime voir ce sang couler dans la baignoire, voir ce bain d'eau rougie par mon fait et à la fois sans mon accord. Je me réjouis de ces bains de sang, je vois dans cette fuite, toute la fuite de ma douleur, du mal en moi. Pas que le sang soit mal non, mais qu'il soit, tel le Styx, un divin porteur d'errances et de ruminations. Ce sang là c'est le secret de la vie qui converge avec la mort, saigner, sentir la vie qui fuit pour affirmer tant et plus sa présence et son obstination, bornée parfois, dans le corps. Mais saigner, aussi, c'est se demander si le sang ne s'échappe pas trop, se demander si l'on peut mourir d'une hémorragie, mourir d'un saignement menstruel ininterrompu, mourir de douleur aussi. Combien de fois ai-je cru que j'allais mourir de cette douleur. Cette douleur est pour moi l'accouchement de l'enfant que ces règles viennent signifier comme non conçu, non vivant.

J'accouche dans la douleur, chaque mois de ce non enfant. Vivre l'anémie quelquefois, vivre la honte souvent. Vivre les oublis, les maladresses. Si mon sang est perçu alors il semble gicler sur les autres, ne pas approcher, ne pas approcher la saignante. Je sens la peur dans le regard des garçons, ceux qui naissent et meurent ignorants du sang (...).

À douze ans, je veux un enfant. Un enfant sans père, juste un enfant pour me sentir exister, un enfant pour me sentir naître. Je rêve cet enfant si fort que toutes les mères du monde me deviennent détestables tant je les jalouse. Je découvre qu'il existe des grossesses nerveuses. Alors à défaut de porter un enfant de chair dans mon ventre, j'en porte un tout de fantasmes dans ma tête. Je commence alors à prier pour ne plus saigner. Quel signe autre que celui-ci viendrait symboliser ma grossesse nerveuse ? Alors, peu à peu au fil d'un an ou deux, mes règles s'espacent, j'en suis réjouie. Commence le dégoût de moi-même quand elles reviennent : je ne suis pas Maman... Je ne suis pas enceinte. Les règles commencent à devenir haïes, méprisées par moi. Je ne peux plus les supporter tant mon impuissance à les tarir me détruit. A quinze ans, c'est fini. Ou ça commence je ne sais pas. Plus de règles. Désormais c'est l'aménorrhée la vraie, la pure. Et c'est en moi une explosion de joie. Je pense être enceinte d'un enfant fictif, c'est une anorexie bien réelle qui germe dans mon corps... Une anorexie pernicieuse, vicieuse, lente d'abord puis fulgurante. Les règles deviennent le signe d'une santé que je refuse de toutes mes forces. Les règles deviennent pour moi signe de graisse. Plus JAMAIS je ne veux les retrouver. Ma période d'aménorrhée s'avère délicieuse. Je sens une puissance si jubilatoire, si fantastique en moi. J'ai dit NON à la nature. Et la nature n'a pas pu répliquer. Je paie le prix, le prix cher d'une maladie devenue chronique et omniprésente, omnipotente encore bien des années après (...).

Je ne suis plus l'enfant de Mère Nature, j'ai combattu toutes les lois qu'elles soient biologiques ou purement humaines, je les ai abolies : plus mon corps s'amenuise et plus mes résultats scolaires augmentent. Plus mes bilans sanguins sont mauvais et plus je me sens forte, plus la tension faiblit et plus je me sens apte. La faim a perdu toute consistance. J'ai vaincu la faim et le sang. Je ne suis plus même humaine. (...)

Je me livre à des calculs très précis pour me maintenir à tout prix sous les seuils biologiques qui déterminent la venue des règles. Je me contorsionne tel un animal dans une cage, je me contorsionne pour éviter la brûlure de l'échec, du dégoût : de la vie dans toute son indécence sanguine. Je ne parviens toujours pas à accepter la féminité, aucunement. Je la repousse tel un fardeau trop lourd et trop écœurant.

Le sang c'est le secret. C'est mon identité désormais. »

Sang des femmes, sang de vie

Ce texte et ce qu'elle m'en dit me permet, s'il en était encore besoin, de prendre la mesure du mal qui ronge ma nièce. Et au-delà d'elle, par ses paroles si justes sur sa souffrance, ma nièce nous lègue un témoignage précieux, à nous les hommes, sur la réalité du féminin, notamment sur la difficulté de vivre leurs règles pour certaines jeunes filles. Décidément, ce voyage au Pays du sang semble n'avoir pas de fin. Me voilà entraîné dans la grande altérité du monde des femmes…

Car en réalité, depuis les débuts du monde, c'est la femme qui saigne.

J'explore le sujet, très vaste, et je découvre, de par le monde, des femmes, artistes, philosophes, activistes, thérapeutes… qui questionnent, radicalement parfois, leur rapport au sang menstruel, à la puissance créatrice féminine et, par là, à la domination du modèle masculin.

Une photo est pour moi particulièrement emblématique de cette recherche d'authenticité. C'est une image limpide, claire de l'artiste espagnole Isa Sanz. Une jeune femme est nue, debout et de trois quart dos, dans un espace blanc, immaculé. La photo n'est pas érotique, elle dévoile plutôt la nudité de cette jeune femme comme une allégorie de la pureté. Sur le mur blanc, la jeune femme écrit en grosses lettres rouges, avec son doigt, *amor*. Mais elle n'écrit pas avec de la peinture, elle écrit avec du sang, le sien probablement. Car le long de sa jambe, coule un filet rouge, depuis son sexe, jusqu'en bas, jusqu'à son pied. Elle saigne et ne le cache pas. De cette menstruation, habituellement secrète, tout est visible.

Même l'amour.

Car le sang des femmes, depuis la nuit des temps, c'est le sang de l'amour des mères. Plus de quatre cent fois au cours de leur vie, par nature, les femmes saignent jusqu'au jour où, les ovules épuisés, le temps de l'enfantement se clôt. Le sang des femmes est un sang de vie, un sang de création. La partie visible de ce processus interne, c'est la menstruation qui apparaît telle une fuite sanguinolente. Fuite que l'on colmate. Au-delà de l'aspect évident de confort et d'aisance, il y a dans la maîtrise du flux menstruel avec tampons, serviettes et autres techniques, une dimension de « mise au secret » que je compte interroger dans ce chapitre. Car curieusement, même si le sang menstruel est le sang de la création de la vie, rares sont les femmes qui, comme Isa Sanz *affirment* ce sang. Sang menstruel égale, dans l'immense majorité des cas, sang occulté.

Pourquoi cela ? Après tout, les hommes sont plutôt fiers de porter la barbe rêche et virile. Les femmes ont certes bien des manières de donner à voir leur féminité, par la coiffure, le maquillage, les bijoux, les vêtements, le regard… mais peut-on imaginer une seule seconde une femme dans la rue, avec du sang entre les jambes, entièrement présente, *entièrement femme* ? Inconcevable, non ?...

Cette question peut sembler incongrue. On ne se promène pas dégoulinant de ses fluides corporels. Pourtant, je propose au lecteur, en s'inspirant de la noblesse de l'image d'Isa Sanz, d'imaginer une femme qui saigne. Et de passer au-delà ses a priori et de ses jugements de valeur. De penser seulement que cette femme-là est entièrement femme.

Avoir pris conscience de l'importance symbolique du sang menstruel a changé mon regard sur les femmes. C'est comme si la *véritable* nature féminine m'apparaissait : la femme authentique est une femme qui saigne. Ella acquiert alors plus de densité, plus d'incarnation, plus de force. Elle ne peut plus être seulement objet de mon désir mais elle devient sujet, investie d'une puissance propre et tout à fait particulière *qu'en tant qu'homme je ne peux détenir*. Paradoxalement, le flux menstruel que l'on peut considérer comme une perte de substance, donne à la femme, à mes yeux tout au moins, une présence plus forte que je considère comme d'ordre spirituel. Et ce, indépendamment de sa personnalité, de son caractère. On est là dans une vision qui se situe au niveau de l'espèce, pas de l'individu. Par le sang menstruel, l'entièreté de la femme apparaît. Enfin... Je dis « enfin » parce que les femmes ont été amputées, depuis des temps très lointains, d'une part fondamentale d'elles-mêmes reliée à la puissance propre de leur corps : la fonction procréatrice. Le corps de la femme est un lieu sacré, un temple où naît la vie. Est-ce pour cela que l'homme a cherché à l'assujettir ?

Maintenant, je me rends compte avec beaucoup d'acuité que le fait de cacher les règles, de les occulter, aseptise la femme, la « vide » : si elle ne se vide pas de tout son sang pendant son cycle, elle se vide par contre de sa substance spirituelle propre et de sa force créatrice féminine de par la façon dont cet écoulement est perçu socialement. Je découvre dans mes recherches que la dévalorisation du symbolisme du sang féminin est tout sauf fortuite et que c'est toute la question de la condition féminine qui en jeu derrière cela.

Car ce n'est pas l'homme mais bien la femme qui, symboliquement, détient le pouvoir créateur du sang, et ce, depuis le très lointain passé où sont apparues les menstrues. L'homme, lui, pour accéder au flux sanguin et créer à son tour la vie par un acte rituel doit commettre des actes brutaux, blesser, couper, tuer.

« Moïse prit le sang, en aspergea le peuple et dit : Ceci est le sang de l'alliance que l'Éternel a conclue avec vous[38]. » Le sang divinisé ici, dans ce passage de l'Exode, est issu d'un sacrifice. Une bête a été égorgée pour que les hommes puissent voir Dieu. Depuis cette époque biblique et jusqu'à aujourd'hui, la violence, mode « masculin », reste le mode d'expression principal du sang. Qui dit sang entend le plus souvent meurtre, guerre, plaie, douleur, sacrifice. Notre imaginaire du sang est largement rempli de ces représentations-là. Et pourtant, ce que nous donnerait à imaginer le sang de la femme, si nous y prenions garde, serait tout autre...

Reprenant l'opposition que je posais en début de ce chapitre entre sang des femmes – sang de vie – sang d'amour – sang honteux et sang des hommes – sang de mort – sang de pouvoir – sang glorifié, je pose cette question : parce que les femmes détiennent une force créatrice que les hommes n'ont pas et n'auront jamais, celui-ci, pour exister, a-t-il dû imposer un renversement du « sens du sang » et ainsi occulter ce qui représente le plus fondamentalement la puissance créatrice féminine ?

---

[38]Exode, 24, 8.

Et pourquoi donc les femmes valident-elles cela en ayant honte de leur sang ?

Pour tenter de répondre à cette question, une brève étude de la symbolique du sang menstruel s'impose.

Dans *Le sang des femmes*[39], la gynécologue Hélène Jacquemin Le Vern, explique qu'en grec, *cataménial* signifie 'du mois', *catamenio :* indiquer, signaler, accuser, dénoncer, et *catamanio :* souiller. Au XIVe et XVIe siècles, 'catimini' en est venu à désigner les règles. « En catimini », aujourd'hui, signifie en cachette, hors de la vue, discrètement. Et en effet, si le sang est très présent autour de nous, sous diverses formes, ce ne sera jamais sous celle du sang menstruel…

Dans son merveilleux essai, *Blood, Bread and Roses*, la féministe Judy Grahn en évoque les multiples images : lignée, violence, meurtre, sacrifice, souffrance, sang du drogué qui se shoote, sang dangereux du VIH, vital de la transfusion, rédempteur du Christ, sang dans le langage parlé, bon sang, chauffer le sang, être sanguin, le sang gouttant des lèvres du vampire, du pommeau de douche dans un film d'horreur, explosant sur l'écran dans les films de truands, le sang réel sur le tablier du boucher ou la blouse du chirurgien, celui qui coule du nez, de la plaie, le sang au coin de la bouche de l'épouse battue, sur la joue du jeune rossé, le sang médicalisé, analysé ou donné… Après cet « hémo-inventaire », Judy Grahn cite, à part, isolé, le sang menstruel comme étant « le sang le mieux caché, rarement évoqué et presque jamais visible, si ce n'est par les femmes dans l'intimité, enfermées dans une petite pièce pour, rapidement et en général avec

---
[39]H. JACQUEMIN LE VERN. *Le sang des femmes. Tabous, symboles et féminité.* Paris : Éd. In press, 2002.

dégoût, changer leurs serviettes et leurs tampons, enveloppant le coton ensanglanté afin qu'il ne puisse être vu par les autres, grimaçant à cause de l'odeur, esquivant l'évidence. Le sang est partout, et pourtant, le seul nom qu'il n'a jamais eu publiquement, depuis tant de siècles est 'sang menstruel'. Le sang menstruel, comme l'eau, coule, tout simplement. Cette fontaine-là existait bien avant les couteaux ou les silex ; la menstruation est la source originelle du sang. Menstruel est le nom secret du sang[40]. »

Pour l'archéo-anthropologue anglais Chris Knight, il est clairement question, à travers la problématique des menstruations, d'une oppression historique du féminin par le masculin. Knight considère la sacralisation des fonctions du corps, le sang menstruel au premier chef, comme fondements de la culture. « S'il y a quelque chose de sacré, si il y a des principes de vie, il m'a toujours semblé qu'il fallait commencer par le corps. Si le corps n'est pas sacré, on peut oublier tous les autres principes. Sans cela, il n'y aurait pas de culture. La force même du sang de la femme qui la lie au sacré est maintenant la cause de son isolement et de sa perte de pouvoir. Empêcher les femmes de comprendre le pouvoir de leurs règles et le potentiel de cohésion qu'apporte la féminité, je parle du réflexe le plus central, le plus profond, le plus ancien, c'est empêcher les femmes de savoir quel est leur pouvoir[41]. »

Dans *Blood, Bread and Roses*, Judy Grahn développe, va plus loin encore. Se basant sur l'étude des différents

---

[40]J. GRAHN. *Blood, Bread and Roses: How Menstruation Created the World*. Boston : Beacon Press, 1994, préface, p. 8, traduction de l'auteur.
[41]Extrait du film de D. Fabiánová. The Moon Inside You, 2009.

mythes des origines, elle avance que la fonction menstruelle aurait donné naissance à la conscience. Elle observe que dans ces mythes, il est toujours question d'un temps très ancien, obscur, avant le nom, avant la conscience. Un chaos. Ce chaos serait une métaphore de la conscience pré-humaine. « Nos ancêtres primates ne pouvaient différencier le paysage, reconnaître le soleil, les étoiles, ils n'avaient pas de nom pour l'eau[42] ». Tout était là, sans qu'il y ait de question, conscience animale. Puis, elle souligne que la plupart des mythes décrivent un changement de conscience « à travers une séparation[43] » et que le principe originel, quel qu'il soit, crée le monde en en séparant les éléments les uns des autres, terre-mer, terre-ciel, lumière-obscurité… Grahn y voit un parallèle avec l'apprentissage du langage qui est processus de séparation entre le mot et l'objet qu'il désigne et entre soi et le monde que l'on nomme. C'est en cela que la séparation symbolique est une « création » du monde car issue de la prise de conscience de son existence.

L'auteur développe alors une audacieuse et émouvante hypothèse de l'origine de l'apparition du symbolique, donc du langage et de la culture, par la synchronicité du cycle menstruel féminin avec le cycle lunaire… On sait que très peu de mammifères ont des cycles menstruels et que de plus, le cycle féminin est le seul à s'accorder avec le cycle lunaire[44]. Le cycle de la femme peut donc être *perçu* avec l'aide d'un signe extérieur, la lune. Les premières femmes auraient vu, progressivement, le reflet

---

[42] J. GRAHN, op. cit. p. 10.

[43] Ibid. p. 10.

[44] C'est même le seul cycle physique humain qui soit synchrone avec un corps naturel extérieur.

de leur propre cycle à l'extérieur d'elles-mêmes ! Par là même, éprouvant la synchronie, elles auraient été amenées à percevoir l'objet lunaire comme un élément séparé, existant en soi, et ainsi, à commencer à « voir » et donc à créer le monde... De plus, le cycle menstruel est flexible, il est influencé par les rythmes environnants : on sait que des femmes vivant ensemble ont tendance à synchroniser leurs cycles. C'était probablement le cas alors et on peut supposer qu'elles aient perçu également leur cycle à travers celui des autres.

Pour Judy Grahn, c'est là qu'interviennent les premiers rituels de réclusion menstruels, instaurés par les femmes elles-mêmes. Avec une grande empathie pour nos ancêtres pré-humaines, elle imagine un tableau saisissant : de nuit, dans la pénombre, éclairées seulement par la lune, un groupe de femelles pré-humaines réunies rituellement en un lieu isolé. « Sans mots, une femelle plus consciente que les autres tire ses sœurs en réclusion avec elle. Sans mots, elles poussent leurs filles en réclusion au premier sang. Sans mots, elles s'assoient dans la nuit sans lune et "voient" l'obscurité comme différente de la lumière. À travers l'acte de séparation [du groupe], elles nommaient[45]. »

Durant des millénaires, les seuls « mots » seront cet acte de séparation menstruelle. Avant l'apparition du langage, le sens apparut, incertain, à travers l'expérience, l'agir. Ce qui permit de le maintenir malgré l'absence de mots fut l'invention de la métaphore, non la métaphore en images, qui procéderait du même mécanisme que le langage, mais la métaphore *en actes*. C'est, selon Grahn, la fonction du rite, né pour préserver

---

[45]Ibid. p. 15.

le sens nouvellement apparu sur terre, dans la pré-conscience homo. Et, selon elle, les premiers rites furent des rites menstruels, des rites de sang féminin. Lorsque notre ancêtre menstruante d'un million d'années commença à « créer » le monde, à le percevoir comme séparé d'elle, « elle n'avait pas de mots, pas de musiques, pas de masques, pas de dessins pour traduire cette première relation à l'en-dehors. Elle avait uniquement l'intelligence de son corps et de ses actions, elle n'avait que son sang et cette drôle de relation avec la lune[46]. » Cet éveil de la conscience, longtemps incertain, fragile, aurait pu cesser, et notre esprit, s'éteindre. Pour toute l'humanité, durant ces temps-là, le sens, c'est-à-dire, le pouvoir de création et de destruction du monde a eu pour vecteur le sang des femmes…

Ces premiers rites féminins de sang vont tout à fait dans le sens de ce que je nomme « l'expérience existentielle fondamentale », expérience de la vie en soi véhiculée par le sang : la femme préhistorique s'éveille peu à peu, « sans mots » mais avec son seul sang, à un *au-delà d'elle-même*, prémisse commun à la dimension symbolique et à la foi. La conscience de soi, balbutiante qui apparaît là est également la conscience du « pouvoir de soi », c'est-à-dire la naissance à la capacité d'agir dans et sur le monde, l'identification à la puissance vitale qui sera plus tard le « je suis vivant ».

---

[46]Ibid. p. 20.

Puis vint le sang des hommes...
Des sacrifices à l'avènement du Christ

Voilà donc quelle pourrait être la première expérience rituelle du sang, une expérience féminine. Mais qu'en est-il de l'homme ? Lorsqu'il côtoie ses compagnes en menstruations, que perçoit le mâle pré-humain ? Pénètre-t-il dans la dimension symbolique ? Que lui transmet la « première femme » ? Il est impossible de le dire. Ce qui est certain, c'est que le premier homme, lui, ne saigne pas. On peut dès lors considérer que le sacrifice, issu d'une blessure ou d'un meurtre rituel, est arrivé après le rite menstruel et est une tentative masculine pour accéder à la puissance vitale, exprimée jusque-là par le sang des femmes. L'acte sacrificiel ne serait alors qu'un *ersatz* et sa brutalité serait la conséquence d'une impossibilité physiologique : l'homme ne saigne pas. Cette vision du sacrifice comme copie d'un rite originel, non mortel, met en évidence la contradiction intrinsèque qui le sous-tend : rechercher la puissance de la vie tout en la détruisant.

Ma recherche personnelle, dès lors, prend tout son sens. Je suis un homme mais mon sang s'écoule « par nature », comme celui d'une femme. Mes traces sont bien plus un écho des rites primitifs féminins qu'une résurgence de rites sacrificiels. En effet, le sang que j'utilise ne procède pas d'une lésion mais d'un soin[47] et n'a pas pour conséquence la blessure ou la mort mais la préservation de la santé. Mon expérience est donc plus proche de celle

---

[47] Même s'il doit y avoir percement de la peau pour la piqûre, l'intention n'est pas de fendre le corps pour faire surgir le sang mais d'injecter dans l'organisme un remède.

de la femme menstruante dont le sang est lié à la procréation que de celle de la victime sacrificielle...

Autre parallèle, à travers la ritualisation de mon sang, s'est révélée ma puissance propre et ma conscience s'est élargie. Ma vision du monde en a été transformée. Homme qui saigne, homme différent des autres hommes parce que j'ai accès à mon sang sans avoir à attenter à la vie, je peux dire que je comprends la femme qui saigne, la femme puissante, la femme rituelle, beaucoup plus que je ne comprends le prêtre sanguinaire ou le guerrier violent.

Au cours des millénaires, avec l'omniprésence du patriarcat, les sacrifices sanglants s'imposent et se répandent sur la terre entière, prenant sens pour de nombreuses cultures et croyances. Car la quête d'infini qui les motive est une quête humaine fondamentale. J'ai développé ce thème au début du livre en prenant pour exemple emblématique, s'il en est, la civilisation *mexicatl* qui a poussé jusqu'à l'absolu la « cohérence paradoxale » du concept de « faire de la vie avec de la mort ».

Mais un grand bouleversement vient rompre le cycle incessant des sacrifices, c'est l'avènement du Christ. Jésus apporte un nouveau message à l'humanité, un message de sagesse : respecter Dieu, *le dieu unique*, implique de respecter la vie humaine, car Dieu est en chacun. Les sacrifices ne sont dès lors plus possibles. Le trésor qu'est la vie humaine doit au contraire être protégé, préservé. L'offrande de sang doit prendre une autre forme. Pour que nous n'ayons plus besoin de le faire nous-même, il faut que le Christ donne sa propre vie et nous lègue un rite mémoriel. Jésus accède alors à l'infini *à notre place* et après son sacrifice, il n'est plus nécessaire, en théorie, de détruire la vie pour accéder à la dimension infinie qu'elle détient. Dès lors, on comprend que l'eucharistie soit la pierre angulaire du dogme chrétien : c'est précisément par ce rite que le fidèle se relie au dernier sacrifice et en reçoit le bénéfice.

On note deux grandes différences avec la période précédente : la prise en compte de la vie individuelle et l'intercession. En ce qui concerne le second point, Jésus, en donnant sa vie pour nous, accède « pour nous » à l'infini et nous devons avoir foi en lui *et en son sang* pour nous relier à Dieu. Si le message du Christ marque un grand pas de l'humanité vers le respect de la vie, l'intercession est selon moi, une des limites du christianisme car elle écarte l'individu de son lien direct avec l'infini. En effet, la conséquence collatérale de l'eucharistie est que le sang humain perd sa « qualité infinie » et sa dimension sacrée. Ces caractéristiques, désormais, un seul sang les détient, le sang du Christ. Nous devons désormais vénérer un autre sang que le sang humain pour être reliés à la dimension divine. C'est heureux ! Néanmoins, quelque chose d'essentiel nous échappe alors. La vie en tant qu' « état suprême », la puissance vitale que les premières femelles humaines éprouvaient dans la conscience de leur cycle, ou que les sacrificateurs recherchaient dans le jaillissement sanguin ne peut plus provenir directement du corps humain réel... De là découle ce que je nomme la « confiscation » de la puissance vitale humaine par le christianisme[48] : ce que le rituel eucharistique nous prodigue, un corps et un sang *divins*, nous éloigne de ce

---

[48] Je ne le développerai pas ici mais on pourrait étendre ce constat au déisme d'une manière générale : toute doctrine qui situe l'essence de la dimension infinie en dehors de l'être vivant.

que l'on peut considérer comme réellement sacré, *toute vie donc tout corps*.

Pour les *Mexica*, à l'inverse, et la mise en regard est très intéressante, c'est le sang *réel* qui est sacré, chaque être humain détenant le *chalchihuatl*, « l'eau précieuse, l'eau rare ». L'idée qui animait les prêtres sacrificateurs était bien de faire couler un sang sacré du corps d'un homme ordinaire... Le rite aztèque offre à tous ou presque la possibilité d'offrir son sang, et par cet acte définitif, de devenir un dieu[49]. Pour les *Mexica*, le sang réel est *opérant*, pour les chrétiens, non. Dans le christianisme, être de nature divine est un préalable au fait de faire offrande de son sang, chez les *Mexica*, c'en est la conséquence...

Ce parallèle avec un rituel non chrétien nous permet de comprendre où s'opère la confiscation dans l'eucharistie. Parce qu'il le déposède de sa puissance infinie naturelle, le christianisme pose un intermédiaire entre l'humain, son potentiel et sa force créatrice propre. Cette distance peut être féconde bien sûr, et nécessaire pour éviter à l'être humain de se perdre dans la quête impossible d'une dimension qui le dépasse. Elle peut conduire à la sublimation. Mais elle induit également l'idée d'une impuissance fondamentale, d'une perte de puissance vitale et d'un recours nécessaire à une force extérieure à soi.

Dès lors, qu'il y ait dépossession ou sublimation sera fonction de l'interprétation que l'on fera de l'eucharistie et de la notion de Dieu. Cela dépendra de la vision,

---

[49] Avant et pendant la cérémonie, et après la mort. Il faut noter que c'était une mort beaucoup plus « glorieuse » que la mort ordinaire qui, chez les Mexica, induisait l'anéantissement définitif.

littérale ou symboliste, que l'on adoptera. Cette dialectique est présente dès les premiers temps du christianisme et il est important de comprendre que c'est une approche plutôt littérale qui l'a finalement emporté avec l'idée de transsubstantiation.

Du sang comme texte au sang réel des martyrs

Les premiers Pères de l'Église adoptent une interprétation spiritualisée du sang du Christ, celle du « sang comme texte ». Le sang y est vu, de manière allégorique, comme parole du Christ, comme Verbe. Ce qui est sacralisé, c'est sa parole, non son sang. Dans *Le sang et la foi*, Biale cite Jean Chrysostome, archevêque de Constantinople au IVe siècle : « Leur purification n'était plus corporelle, mais spirituelle ; leur sang même était spirituel ici. (…) Cette parole tenant lieu de l'hysope imprégnée de sang nous a tous arrosés (…) ici, la purification tout spirituelle pénètre l'âme et n'est pas une simple aspersion, c'est une source vive qui jaillit dans nos âmes[50]. » Biale commente ainsi ce passage « De même le sang de la nouvelle alliance est-il constitué par les paroles mêmes du texte. L'Église transforme "le sang de l'alliance" en textualité[51]. » Origène, dès le IIIe siècle, proposait la même interprétation : « Il est dit que "nous buvons le sang du Christ" non pas seulement quand nous le recevons selon le rite des mystères [la communion] mais aussi quand nous recevons ses paroles où réside la vie[52]. » Pour ces premiers grands chrétiens, ce que Jésus Christ a à nous enseigner, nous le recevons « par son sang », *c'est-à-dire*, par sa parole.

L'interprétation du sang comme texte a des racines historiques : aux premiers siècles, le christianisme naissant tenait à s'écarter du modèle païen dans lequel

---

[50]D. BIALE, op. cit., p. 108.

[51]Ibid., p. 108.

[52]ORIGÈNE. Homélies sur les Nombres, XVI, 9-2. Paris : Cerf, 1999, p. 263.

toute religion digne de ce nom se devait de pratiquer des sacrifices sanglants. Au IIe siècle, Justin Martyr écrit : « Nous ne sommes pas des athées, nous qui adorons le créateur de cet univers, nous qui disons comme nous l'avons appris, qu'il n'a besoin ni de sang, ni de libations, ni d'encens[53]. » On retrouve ce thème dans le Psaume 40 du Nouveau Testament : « Tu ne désires ni sacrifice, ni offrande. Tu m'as ouvert les oreilles : tu ne demandes ni holocauste, ni victime expiatoire. Alors je dis : voici, je viens avec le rouleau du livre écrit pour moi. ». Le livre qu'on lit prend la place du sang que l'on verse.

Pour preuve de cette évolution de l'idée de sacrifice après la mort du Christ, nous pouvons également citer les rabbins qui, au premier siècle, après la destruction du temple (70 ap. JC), font évoluer l'idée en cours jusqu'alors dans le monde juif qu' « il n'y a de rémission qu'avec le sang ». À cette époque de domination romaine et de mutation forcée du judaïsme, les rabbins ont insisté pour éliminer les sacrifices « au profit d'autres pratiques. L'humilité, la charité, le repentir sont censés être équivalents au sacrifice en matière d'expiation[54]. » Les rabbins développent l'idée de gestes faisant office de mémoriaux (ex. : le repas de la Pâque est l'équivalent du sang de l'agneau), des souffrances individuelles tenues pour sacrifices ou, donc, de l'étude des lois à la place de l'offrande de sang : « Le temple n'existant plus, comment obtiendras-tu l'expiation ? Dieu a dit : "étudie les paroles de la Torah [c'est-à-dire les textes talmudiques qui traitent du sacrifice] et lorsque tu les liras, j'en tiendrai compte comme si tu faisais un sacrifice et j'expierai tes

---

[53]J. MARTYR. Apologie pour les chrétiens, I, 13, 1. Fribourg : Ch. Munier, 1995, p. 53.
[54]D. BIALE, op. cit., p. 118.

péchés[55]". » Biale commente ainsi : « Le texte s'avère aussi efficace que le rituel[56] ». L'idée de sacrifice a donc évolué à partir de la mort du Christ jusqu'à disparaître dans le monde judéo-chrétien. Cette disparition correspond à une *sublimation* du processus de « libération du sang », une symbolisation.

Toutefois, cette approche sera mise à l'épreuve de l'histoire. Les persécutions infligées aux premiers chrétiens par les Romains, la mort tragique de nombreux martyrs offrant leur vie en témoignage de leur foi, vont profondément influencer l'interprétation que l'on fera du sang. Une approche purement symbolique du sang du Christ ne sera plus possible et le christianisme, né par le sacrifice de son fondateur, restera une religion du sang et de l'offrande vitale. Selon Biale, « le sang des martyrs a obligé les penseurs chrétiens à considérer le sang de façon beaucoup plus littérale (…). Alors qu'ils pouvaient représenter le sang de Jésus de manière allégorique ou spiritualisée en sang "rationnel" ou *logos*, ils ne pouvaient pas en faire autant avec le sang de ces mortels qui mourraient au nom de leur foi sous leurs yeux (…). Le sang physique des martyrs joua un rôle important dans l'évolution du christianisme orthodoxe puisqu'il établissait, par voie de conséquence, la corporéité de Jésus : (…) le croyant était incité à se rappeler que le propre sang du Christ [lui non plus] n'était pas seulement spirituel. Le sang chrétien de l'Alliance ne pouvait donc pas être entièrement soustrait à ses origines physiques[57]. »

---

[55] b. Ta'anit, 27b. Cité dans D. BIALE, *op. cit.*, p. 119.

[56] Ibid. p. 119.

[57] Ibid. p. 135.

Cette évolution vers plus de littéralité trouve sa conclusion lors du concile de Latran qui, en 1215, définit le dogme et établit la présence réelle du sang du Christ dans le vin de messe et celle de son corps dans l'hostie. C'est la notion de transsubstantiation. La corporéité du Christ et la réalité de son sacrifice sont instaurées comme étant des axes majeurs de la foi chrétienne. La notion de sang spiritualisé n'est dès lors plus orthodoxe. Voici ce qui est dit dans le premier canon : « Il y a une seule Église universelle des fidèles, en dehors de laquelle absolument personne n'est sauvé et dans laquelle le Christ est lui-même à la fois le prêtre et le sacrifice, lui dont le corps et le sang, dans le sacrement de l'autel, sont vraiment contenus sous les espèces du pain et du vin, le pain étant transsubstantié au corps et le sang au vin par la puissance divine[58]. »

Le sang des martyrs a dû effectivement influencer la pensée chrétienne : face à la nécessité de prendre en compte la corporéité du Christ, il a été nécessaire de faire intervenir son sang « réel » dans le rite principal de la messe. Si le christianisme avait suivi la voie du sang comme texte, il aurait pu devenir une religion de la sublimation et quitter totalement la nécessité de la mort rituelle – ne serait-ce que d'un seul homme. En instaurant le dogme de la présence réelle, il reste, au contraire, marqué par le sacrifice réel, par la mort d'un homme... Le sang comme texte penchait du côté du sang féminin, du sang de vie. Le sang de l'eucharistie ira, à partir de Latran, du côté du sang masculin, du sang de mort. L'Église, au cours des âges, alors que diverses interprétations furent possibles, a évolué vers un dogme

---

[58] Premier canon du concile de Latran IV, 1215.

attaché au sacrifice et a affirmé sa dimension patriarcale, celle du sang de la blessure.

Que l'on soit croyant ou non, nous qui sommes issus d'une culture judéo-chrétienne, sommes profondément marqués par cette orientation. Au fond, nous croyons encore à la nécessité du sacrifice, principe sur lequel, finalement et dans une communauté désespérante, chrétiens et *Mexica* se rejoignent.

Au moment où j'entreprends ce travail, j'en suis là aussi. Je crois au don absolu. Ma nièce également et, dans notre chemin partagé, nous arrivons au bout de quelque chose.

Agathe s'enfonce dans la maladie. Son état de santé ne s'améliore pas malgré consultations, traitements et hospitalisations. Ses parents sont désemparés. Toute la famille semble prise au piège d'une morbidité rampante. Le temps des repas est une grisaille, le plaisir a disparu.

Pourtant, un léger mieux advient. Agathe rencontre l'amour et travaille un peu dans un théâtre. Est-ce l'issue ? Non. Ce bonheur ne soulage pas la souffrance fondamentale de sa vie. Tragiquement, cela prouve même peut-être à ma nièce qu'aucune circonstance extérieure, aussi belle soit-elle, aucune relation, ne pourra la guérir. Le mal est intérieur.

Un jour de décembre, elle avale une boîte de médicaments. Elle meurt le lendemain.

Notre désarroi est total. Un trou sous mes pieds, je tombe. Je tombe à l'eau et ma sœur, son mari, sa seconde fille aussi. Nous sommes dans les vagues, dans la tempête, presque noyés. Le bateau sombre.

Pourtant, je le sens, j'ai une bouée. Je ne sombrerai pas. Et je tente d'aider les autres à surnager. Juste être là. Je passe un mois chez ma sœur, juste pour être là. Je voulais sauver ma nièce, je n'ai pas pu. Nous n'avons pas su.

Nous n'avons cependant pas tout perdu. Par son geste désespéré, Agathe nous délivre une grande leçon. Il y a un nœud dans notre famille. C'est à nous de changer, maintenant. À moi.

Le sang du Bouddha

Le bouddhisme nous enseigne à toujours nous observer nous-mêmes, à reconnaître, honnêtement, notre part de responsabilité dans toute situation. Appliquant cela, peu à peu, lentement, je comprends que la mort d'Agathe signifie que ma famille et moi-même ne sommes pas libérés de la nécessité du sacrifice. C'est elle, bien sûr, qui a commis le geste et nous, nous avons tout essayé pour l'en empêcher. Mais les liens familiaux sont extrêmement forts et profonds. Ils nous dépassent. Si elle a été jusque-là, c'est qu'en nous aussi, en moi, existe la racine de son acte. Je ne me mets pas en-dehors. Moi aussi, d'ailleurs, j'ai été amené à « sacrifier » une partie de mon corps, mon genou, en acceptant de ne pas tenter une nouvelle opération.

Cet examen intérieur, dans les années qui suivent la disparition de ma nièce, je le fais. J'interroge aussi mes traces, ce besoin d'écrire avec mon sang… Je dis dans les pages précédentes qu'elles sont plus proches des rituels menstruels que des sacrifices. Maintenant, après une longue réflexion de plusieurs années, je peux le formuler ainsi, mais au départ, ce n'est pas si clair. Pendant longtemps, je suis dans l'ambivalence, la fascination. En moi, la pulsion de mort joue une part du jeu. Je la reconnais comme telle, et elle m'est utile, me permettant d'avancer vers ce mystère que je traque.

Pour autant, avec son suicide, Agathe nous met au pied du mur. On bouge ou c'est fini. Je sens que je dois aller encore plus loin.

Tout au long de mon travail, je m'interroge sur un point qui va s'avérer décisif pour la compréhension de ce qui se joue : le sang est absent en bouddhisme, pas de rituels, même pas d'évocations ou très rarement. Cette philosophie qui m'inspire et guide mon travail n'est, à l'évidence, pas fondée sur le sacrifice, sur la quête du sang. Pourquoi cette différence avec la plupart des autres spiritualités et notamment les monothéismes ? N'y a-t-il pas là une piste pouvant m'aider à m'extraire, moi aussi, de la « grande hémorragie humaine » ? Je décide d'approfondir honnêtement – c'est-à-dire sans complaisance – cette notion pour moi-même.

La grande différence entre le bouddhisme et le déisme tient à l'absence de dieu. En bouddhisme, la dimension infinie n'est pas située à l'extérieur mais à l'intérieur car on considère que toute vie détient de manière inhérente un potentiel sans limite. La primauté est mise sur la quête d'éveil individuel et le partage de la joie qui en découle, à partir de cet infini que nous sommes. La voie bouddhique se rapproche-t-elle du sang comme texte où le don de soi n'est plus littéral mais symbolique ? A-t-elle à voir avec la conscience de la vie en tant qu'état suprême, issue des premiers rites corporels féminins non mortels ?

La mise en regard du parcours d'un maître bouddhique peu connu en occident, le moine Nichiren, avec celui de Jésus est très instructive à cet égard. Leurs chemins sont similaires à plus d'un titre : ce sont deux réformateurs, révélant un enseignement révolutionnaire pour leur époque[59] et subissant, à cause de cela, de graves

---

[59]Nichiren (1222–1282) prône la possibilité réelle de l'éveil pour chaque être humain, ce qui n'est pas la doctrine en cours en son temps, où l'on a tendance à considérer les Bouddhas comme des divinités. Le mandala qu'il a inscrit est

persécutions allant jusqu'à leur condamnation à mort. Pourtant la fin de l'histoire diffère : l'un en meurt, l'autre pas…

Selon la légende, au moment de l'exécution de Nichiren sur la plage de Tatsunokuchi, un objet lumineux traverse le ciel et effraie le bourreau et les nombreux soldats qui gardent le moine. Devant ce présage, les autorités renoncent à l'exécuter[60]. Que cet événement céleste ait été réel ou non, ce qui est avéré est que les persécuteurs de Nichiren ne vont pas au bout de leur volonté de mise à mort. À la lecture des récits d'époque, il semble que l'attitude indomptable de Nichiren, prêt à donner sa vie pour son enseignement, ait pu les impressionner au point de les faire reculer.

On connaît la supplique de Jésus au Mont des Oliviers, la veille de sa crucifixion. Tenaillé par l'angoisse il se met à genoux et prie : « Mon Père, s'il est possible, que cette coupe passe loin de moi ! Cependant, ce ne sera pas comme moi je veux, mais comme toi tu veux[61] ! » Ce passage est très connu et l'on sait qu'il faut toute la nuit à Jésus pour accepter la volonté de Dieu. On comprend bien que ce n'est pas la sienne et qu'il parvient à l'accepter par un acte de suprême fidélité.

La dernière prière de Nichiren, quant à elle, est d'une toute autre nature : c'est une véritable remontrance à

---

d'ailleurs un des rares à être écrit – calligraphié – et non dessiné avec des représentations de Bouddhas. Cela signifie que ce que l'on vénère n'est pas un être extérieur mais la « Loi de la vie » inhérente à chaque être.
Aujourd'hui Nichiren est très connu au Japon où de nombreuses écoles bouddhiques se prévalent de lui.
[60]Selon les historiens, il pourrait s'agir de la chute d'une météorite.
[61]Évangile selon Matthieu, 26, 39.

Hachiman, la divinité tutélaire du Japon, qu'il accuse de ne pas respecter son serment de protéger les sages authentiques et qu'il exhorte à intervenir pour le sauver. Puis, faisant chercher son plus fidèle disciple, il lui dit qu'il est prêt à donner sa vie pour son enseignement : « Dans le passé, je ne suis né faisan en ce monde *saha* que pour être capturé par des éperviers, je ne suis né souris que pour être mangé par des chats, et je ne suis né humain que pour être tué en tentant de défendre mon épouse et mes enfants contre des ennemis. De tels événements se sont abattus sur moi plus souvent qu'il n'y a de particules de poussière sur la terre. Mais jusqu'à présent je n'ai jamais renoncé à ma vie pour le Sûtra du Lotus. Je suis né en cette vie pour devenir un humble moine, incapable de m'acquitter de mes devoirs filiaux envers mes parents ou de rembourser entièrement ma dette de reconnaissance à l'égard de mon pays. Il est maintenant temps pour moi d'offrir ma tête au Sûtra du Lotus[62]. » Comme Abraham qui ne tue pas son fils, il n'aura pas à le faire… Ce qui m'intéresse ici est que l'aboutissement de la destinée de ces deux maîtres en esprit corrobore, selon moi, leur enseignement. Je m'explique.

Jésus procède de Dieu, d'une instance extérieure. Par sa vie d'homme, par son propre corps, il ne peut parvenir à la libération. Il ne peut y arriver *par lui-même*. Il doit en passer par la volonté divine et mourir, réellement, en tant qu'homme pour obtenir le salut après celle-ci. En fait, pour Jésus, l'homme ne peut être sauvé *en tant qu'homme*.

---

[62]NICHIREN. Ecrits, Éd. Soka Gakkai, 2012, p. 773.

Chez Nichiren, l'homme possède en lui-même, dans sa propre vie, donc dans son corps, la capacité, le « pouvoir » de la libération. Chaque être humain est un être relié à la dimension infinie. Cet état reste enfoui au fond de notre vie mais il est là, potentiel, et peut être activé, nous dit Nichiren. Ce qui est important ici est l'attitude de liberté intérieure que Nichiren manifeste, ayant totalement accepté sa vie et sa responsabilité de maître spirituel voué corps et âme à son enseignement. S'il sollicite une divinité extérieure lors de son ultime prière, c'est qu'il la considère comme représentant une des fonctions de la vie qu'il active par sa propre attitude. C'est la notion de « cause », très importante en bouddhisme. Et c'est bien une remontrance qu'il fait à Hachiman, mobilisant en lui une juste colère et la dirigeant vers le monde extérieur. « Pourquoi n'apparaissez-vous pas immédiatement pour accomplir votre serment solennel[63] ? » lui dit-il. À aucun moment dans le récit qu'il fera lui-même de cet événement, on ne sent de soumission à une volonté extérieure. Être prêt à donner sa vie, pour lui, n'est pas se soumettre à un destin mais accepter d'affronter toutes les conséquences de ses actes. Selon la philosophie bouddhique, c'est cette attitude – cette cause – qui, en réalité, génère les forces « protectrices » et crée le réel. Finalement, c'est l'attitude de Nichiren qui impressionnera les soldats et les fera reculer.

Dans cette conception, l'être humain n'a pas besoin de périr pour accéder à une dimension supérieure. Par la puissance de son intention, il peut être sauvé *vivant* et se libérer tel qu'il est, en tant qu'être humain. C'est cela qui explique l'absence de sang en bouddhisme. En tant

---
[63] Ibid., p. 773.

qu'objet rituel permettant d'accéder à l'infini, il est dépassé.

Mais si le sacrifice réel n'est pas nécessaire, son *risque* par contre, oui. « L'humain-infini » doit se risquer au-delà de sa vie d'homme fini, au-delà de ses illusions et de ses fausses certitudes pour pouvoir révéler cette part merveilleuse de lui-même.

Risquer de tout perdre pour finalement, à l'image d'Abraham, « ne pas avoir à le faire » – et là, christianisme et bouddhisme se rejoignent.

C'est une notion que l'on retrouve dans la métaphore bouddhique du garçon Montagne-Neigeuse. C'est un jeune homme épris de la Loi essentielle qu'il cherche de tout son cœur. Un jour, dans une forêt, il entend le début d'une stance exprimant une vérité universelle. Il cherche qui a bien pu dire cela pour en entendre la suite et n'aperçoit qu'un démon horrible. Celui-ci lui dit : « oui, c'est moi qui ai dit cette phrase ». Montagne-Neigeuse le supplie alors de lui donner la fin de la stance et lui dit qu'il lui donnera tout ce qu'il veut en échange. Mais le démon le coupe : « j'ai très faim et tu ne pourras jamais me donner ce dont j'ai besoin : je me nourris d'êtres humains. » Montagne-Neigeuse lui offre alors sa vie. Le démon lui donne la fin de la stance, le garçon l'inscrit sur des pierres et des arbres afin que d'autres puissent la découvrir et va se jeter du haut d'une falaise dans la gueule du démon. C'est alors que celui-ci se transforme en une divinité protectrice et le reçoit dans ses bras. « C'était pour tester ta foi que j'ai fait cela », lui dit-il.

Apprivoisé

Mon sang ne m'appartient pas. C'est l'espace infini qui coule dans mes veines, le noir ciel étoilé qui circule en moi. La vie m'est donnée, pour un temps. C'est un don immense mais ce n'est pas de la générosité, ce n'est pas un don humain. Ce corps inerte que j'étais a été traversé par le courant sans fin du cosmos, par le flux des espaces froids et silencieux. Le sang est un liquide mais c'est parce qu'il a pris forme humaine. En réalité, il est le lent passage de l'éternité.

Dès lors, en rendre un peu n'est rien.

C'est comme se baigner dans une mer immense et faire couler de l'eau sur sa peau.

L'amour n'est que ceci, comprendre que je fais partie de l'univers. Que je suis un petit morceau d'univers, éternel et infini moi aussi.

Je suis fragile, l'être humain est fragile. La bombe d'un soleil me détruirait en moins d'un instant. Minuscule amas de cellules, pourtant doté du regard, de l'ouïe, du désir et même, de la parole, j'existe car je suis aussi vaste que l'univers. La même éternité bat dans mon cœur, depuis toujours et pour toujours. J'existe car je suis fait de la même matière que l'univers, j'en suis un agrégat.

Et même dans cette souffrance de vivre, se trouve l'espace de liberté infinie qu'il n'appartient qu'à moi de rejoindre. Seules mes illusions m'en empêchent.

Croire que je vis dans un monde fini, voilà l'illusion.

La vie infinie

C'est par la mise en relation de notions prises ici et là au cours de mes recherches et notamment dans la perception de corrélations entre le bouddhisme et la physique quantique, que je finis par donner sens à ce qui a emporté Agathe et qui empoisonnait notre famille, ce « désir de mourir » que l'on peut nommer, plus classiquement, pulsion de mort.

Joseï Toda, sage bouddhiste du XXe siècle aimait à expliquer la conception bouddhique de la vie et de la mort par une image très simple : celle d'une tasse de thé. Il disait, en substance : « Vois-tu, la vie, la grande vie, la vie de l'univers, c'est tout le liquide contenu dans cette tasse. Toi et moi sommes vivants et nous faisons partie de ce tout. Nos vies individuelles sont comme les vaguelettes que produit le vent sur le thé. Nous pensons être séparés du reste mais en fait, nous ne sommes qu'une émanation de la matière de l'univers, prenant momentanément forme humaine et étant momentanément en vie. Lorsque nous mourrons, nous retournerons dans le tout, nous nous dissoudrons dans la tasse. Et le cycle continuera, de vie en vie, de vagues en vagues. »

On voit ici que le bouddhisme, comme d'autres philosophies, conçoit la vie et la mort comme deux aspects d'une même réalité, deux phases successives d'un état plus vaste. Dans le Sûtra du Lotus que j'ai déjà cité se trouve la parabole de la Cérémonie dans les Airs. S'y exprime, en filigrane, une vision extraordinaire de la vie et de la mort :

Le Bouddha Shakyamuni enseignait à ses disciples au lieudit du pic de l'Aigle. L'assemblée de ceux-ci était considérable. À un certain moment, une gigantesque tour aux trésors apparaît en suspension dans le ciel. Sa taille équivaut à celle d'une planète. Elle est ornée de joyaux splendides. Elle symbolise l'éveil dans toute sa grandeur et toute sa noblesse. Alors, l'assemblée entière s'élève également dans les airs. Par son éveil et ses paroles, Shakyamuni a permis à ses disciples d'accéder à un état jamais atteint auparavant. Là, flottant dans l'espace avec eux, il leur délivre son enseignement essentiel : chaque être vivant est un bouddha depuis le temps sans commencement. Et puis, tous se posent à nouveau sur la terre, éveillés et prêts à retourner dans le monde.

Cette scène contient de nombreux symboles. Le pic de l'Aigle représente le monde que nous connaissons, le monde fini des humains rempli d'illusions et de souffrances. L'élévation des disciples représente leur éveil à une dimension plus vaste de la vie et d'eux-mêmes, une dimension « merveilleuse ». La redescente symbolise le retour du disciple dans son monde habituel mais avec l'ouverture de l'éveil au cœur de sa vie et la décision de partager, dans le monde « illusoire », la joie de cet éveil obtenu. On parle donc pour cette parabole des « trois assemblées en deux lieux », la terre, les airs puis la terre à nouveau.

Là où cela rejoint l'image du thé décrit plus haut, c'est que, pour certains commentateurs, dans la parabole de la Cérémonie dans les Airs, la terre représente la vie ou monde de l'illusion et les airs, la mort ou monde de l'éveil. L'éveil lié à la mort, l'illusion à la vie. Que doit-on en penser ? Daisaku Ikeda, maître bouddhiste contemporain et disciple de Josei Toda, donne le commentaire suivant à propos de la Cérémonie dans les Airs : « Les airs sont un monde éternellement immuable, ils symbolisent le monde de l'éveil du Bouddha. Ils correspondent à *Myo*, l'aspect mystérieux ou mystique (…) [nommé ainsi] parce que c'est un domaine insondable, un domaine qui échappe aux concepts des personnes ordinaires. Tandis que le pic de l'Aigle, lieu concrètement situé dans le monde réel, correspond à *Ho* qui ne désigne pas seulement la Loi, mais tous les phénomènes. Il représente l'aspect de la vie. Ainsi, *Myo*, la mort et *Ho*, la vie, sont indissociables (…)[64]. »

Ma femme m'a donné une clef pour comprendre cette conception énigmatique de la vie et de la mort lorsqu'elle m'a raconté son expérience de coma. Accidentée de la route à quatorze ans, elle fait trois mois de coma. Les médecins n'ont plus d'espoir de réveil mais ses parents décident de ne pas la faire « débrancher » et continuent à se rendre à son chevet et à lui parler. Quelque temps plus tard, elle commence un lent, très lent réveil…

Bien des années après, elle se met à me raconter, un jour, ce qu'elle a « vu » dans son coma. Vu n'est probablement pas le terme adéquat mais nous n'en avons guère d'autres… Elle me dit avoir eu conscience de l'infini de la vie, de l'univers, où « tout était donné, tout était là ». Elle a pensé que notre monde était, décidément, bien limité, étriqué et s'est « posé la question » de savoir si elle allait y revenir car l'absence de limites du grand univers la tentait et elle a hésité à y plonger définitivement. Au bout du compte, elle optera pour le petit monde des vivants…

---
[64]La sagesse du Sûtra du Lotus. Paris : Éd. ACEP, 2013, p. 108.

Dernier élément : les découvertes de la physique quantique et leurs similarités avec les concepts bouddhiques. Depuis le début du XXᵉ siècle, la physique est révolutionnée par de multiples découvertes qui remettent en question notre perception de la réalité et établissent l'existence d'une « autre dimension » du réel où s'appliquent des lois physiques totalement déroutantes. Pour n'en citer que quelques-unes bien connues :

L'esprit de l'observateur influe sur le réel : le noyau d'un atome n'est pas une particule mais un nuage de potentialité et l'observateur influe sur la « concrétisation » à un moment donné de cette potentialité en un électron détectable. Ou bien, si l'on projette de la lumière dans un certain dispositif, selon comment est faite l'observation, on la verra apparaître sous forme de particules ou sous forme d'ondes, ce qui est totalement différent. L'observateur influe donc sur la constitution de la lumière.

Les corps sont reliés entre eux au-delà du temps et de l'espace : si l'on divise une particule en deux et qu'on envoie les deux nouvelles particules ainsi créées en direction opposée l'une de l'autre, si l'on agit sur l'une d'elles, simultanément, l'autre est modifiée. On a réalisé aussi cette expérience avec le facteur temps en étant capable d'agir de même sur le passé d'une particule !

Ces phénomènes ont lieu dans une dimension bien réelle mais que nous ne pouvons pas percevoir, qui nous est, en quelque sorte, inaccessible. Imaginons que la réalité soit un spectre comme on parle du spectre lumineux des couleurs. On sait que nous ne pouvons percevoir qu'une partie de ce spectre. Les infra-rouges et les ultra-violets sont au-delà des capacités de notre œil. C'est la même chose avec la dimension quantique, il s'agit d'une dimension du réel dans laquelle ce qui se déroule dépasse nos capacités de perception parce que les lois qui opèrent dans notre monde sont caduques. Là, ce sont d'autres lois qui agissent et elles dépassent notre entendement.

Lorsque j'ai découvert ces notions, j'ai été frappé de constater leur similarité avec certains concepts bouddhistes. Des notions telles que « trois mille mondes en un instant de vie » décrivant le potentiel infini de la vie à chaque instant, « l'inséparabilité de soi et de l'environnement » décrivant les liens invisibles que nous avons en permanence avec les autres et le monde autour de nous et qui fait que notre changement intérieur influera sur l'état de notre environnement – et vice versa – ou « les trois phases de la vie » expliquant que l'on peut, par la force de sa prière, agir sur le futur et même sur le passé de notre vie, rejoignent de manière étonnante les concepts quantiques que je citais plus haut. En réalité, et cela nécessiterait de nouvelles et conséquentes recherches, je pense que le bouddhisme a découvert, il y a des siècles, par l'intériorité et la sagesse, ce que la physique quantique met peu à peu à jour, à notre époque, avec les outils de la science. À savoir, *l'autre* dimension de la vie, invisible à nos yeux, la dimension infinie du monde de la mort, pourtant présente en nous-mêmes...

Voilà donc le lien entre tous ces éléments, la tasse de thé, la Cérémonie dans les Airs, la mort-éveil et la vie-illusion, le sommeil du coma, la physique quantique : c'est l'idée que le monde a deux dimensions, l'une, « la vie », perceptible, concrète, définie, l'autre, « la mort », inaccessible, incluant tous les possibles, infinie. Mais nous n'avons accès qu'à l'une des deux, la première, et croyons qu'elle est *la totalité de la vie*. C'est là la grande illusion humaine.

Plus précisément, lorsque nous sommes vivants, notre conscience perçoit le réel selon les lois de la physique dite classique ou newtonienne, les objets sont définis et séparés, le temps se déroule de façon linéaire, le passé est définitivement derrière nous et le futur n'est pas encore advenu. Nous croyons dur comme fer qu'il s'agit là du réel dans sa quasi-totalité[65]. Lorsque nous mourons, si l'on s'appuie sur la conception bouddhique de la mort, notre entité se « dissout » dans l'univers, et pénètre alors dans « le monde de la mort » qui correspond à l'état de la matière décrit par la physique quantique. Dans cet état, la matière est potentialité infinie, l'espace point unique et le temps présent éternel. Là est le « lieu de l'éveil ».

À ce stade, on pourrait penser, à me lire, que j'en viens à trouver la mort plus désirable que la vie car plus vaste et reliée, elle, à l'infini de l'univers... Mais il n'en est rien. C'est même le contraire et c'est en cela que mes recherches sont une réponse à ce trouble qui a emporté ma nièce et qui me tenaille depuis si longtemps.

C'est dans la préservation de la vie que tout se joue, non dans la mise à mort, non dans le sacrifice...

---

[65]On admet l'existence des infiniment petits et grands mais cela ne bouscule pas notre conviction de vivre dans ce qui serait *la* réalité.

Pulsion de mort

Cette notion de double dimension du monde, vie-mort, fini-infini, illusion-éveil, est un des éléments centraux de mon travail sur le sang. C'est cela que j'ai perçu dès la première trace, sans arriver à le conceptualiser durant plusieurs années. C'est l'au-delà de soi auquel nous ouvre la ritualisation du sang. Puisque le sang est moi, si je l'extrais de mon corps et si je le symbolise en créant un rituel avec, je m'ouvre moi-même, j'ouvre mon corps à la dimension infinie et éternelle du symbole, à l'infinie potentialité de la foi. L'expérience n'est pas théorique, elle est sensible. C'est le sens de l'eucharistie.

Voilà, je le crois, la raison pour laquelle les êtres humains ont, de par le monde et à toutes les époques désiré ritualiser le sang : celui-ci permet, lorsqu'on le transforme en symbole, de retrouver une dimension perdue du réel, la dimension de la mort ou dimension « quantique », dimension d'éveil.

Voilà aussi ce qui donne un sens à la violence humaine, au besoin humain de faire couler le sang. Le besoin de sang est *une nostalgie de l'infini*.

Voir le sang, éprouver ce sentiment d'immensité que notre conscience d'ordinaire refoule et masque de dégoût, c'est comme écarter un voile magique d'obscurité sur le mystère de la vie, mystère que nous brûlons de « retrouver », pour y replonger, car nous en avons *une certaine mémoire*. Mémoire du temps avant le temps, lorsque nous étions non nés, dissous, diffusés tout entiers dans la vacuité cosmique, ce temps où nous-mêmes étions éternels et infinis, étions le thé, étions l'électron potentiel, étions la vastitude, étions la magnifique tour aux trésors.

L'impuissance à retrouver cet état originel est cause d'une aliénation intrinsèque de l'être, fondamentalement inhérente à l'être humain. C'est la *condition humaine.*

Pour de nombreuses personnes, cela est même cause d'une profonde souffrance. Mais c'est une souffrance enfouie, absolument non consciente car nous n'avons même pas de mots pour la penser.

C'est elle qui inspire la pulsion de mort.

C'est elle qui amène certains d'entre nous à commettre l'irréparable pour en éprouver, au moins un instant, l'ivresse. Pour avoir l'illusion de s'extraire au moins un instant de l'étroite finitude du monde des vivants. C'est elle qui pousse nombre d'entre nous à préférer parfois, contre toute rationalité, la destruction, la perte, la mort.

C'est la difficulté de la condition humaine, être fini avec la mémoire en soi de l'infini : « je sais que je ne sais pas ».

Le chemin que j'ai parcouru par rapport au sacrifice me permet, aujourd'hui, de dire une telle chose. Tant que l'on ne comprendra pas que la violence humaine, la violence de la seule espèce animale qui tue *pour tuer*, est due à la nostalgie de l'infini en nous, nous n'aurons aucune réelle solution à y apporter. Nous avons la nostalgie de l'infini parce que le message premier du sang, celui du sang menstruel, celui du sang de vie a été éliminé, invalidé et remplacé par une quête impossible, celle de chercher la puissance de la vie en donnant la mort. Si l'on retrouve le sens du sang des femmes qui donne la vie éternellement, du sang comme texte qui donne un sens à l'existence de chacun, du sang spiritualisé qui offre l'esprit au corps, l'on pourra peut-être envisager autrement la question de la vie et de la mort et pacifier la violence.

Roux écrit, dans « Le sang[66] », que si Jésus Christ a extrait l'humanité du cycle des sacrifices, il n'a pas pu éliminer la violence qui perdure dans l'histoire humaine. Mon livre propose, avec tout le respect que je dois à la sincérité des croyants, de dépasser le déisme car il ne résout pas la question fondamentale de l'aliénation infinie. Au contraire, par l'intercession, il la maintient. Il perpétue, dans la structure de notre être un sentiment d'impuissance fondamentale, *nous ne pouvons pas*. Et dans notre pensée, la croyance en la nécessité du sacrifice pour accéder à *ce que nous n'avons pas*. Or, la puissance vitale, l'infini, nous les avons... C'est le message de Nichiren et des bouddhistes, c'est le message des poètes, des croyants, des généreux, des souriants, de ceux qui se relèvent dans l'épreuve, de ceux qui croient encore, de ceux qui sont encore reconnaissants pour la beauté du monde, de ceux qui créent la vie et leur vie chaque jour malgré les difficultés, de ceux qui aiment la vie... Tous ceux-là, sans le savoir, mais au fond, ce n'est pas nécessaire, sont quelque part, en contact avec cette autre part d'eux-mêmes, la « part quantique du monde de la mort ». En faisant, simplement, le choix de la vie, ils réactualisent intuitivement le principe de « faire de la vie avec de la mort » mais sans attenter à la vie, au contraire, en faisant surgir en eux-mêmes le potentiel toujours renouvelé du vivant.

---

[66] J-P. ROUX. Le sang. Paris : Fayard, 1988.

Pourtant, dans la pensée humaine, les avis sont partagés sur la question... Certaines philosophies, s'appuyant comme je le fais sur le lien entre éveil et monde de la mort, en tirent la conclusion qu'il n'est de salut que lorsque la vie s'achève, que lorsque l'on quitte ce monde. Elles persistent dans l'idée qu'il faut *mourir pour vivre*. Et en effet, l'espérance en la mort ou pire, le passage à l'acte basé sur la *nostalgie de l'infini* peut faire croire que notre « aliénation fondamentale » en sera soulagée. C'est une grave illusion : c'est faire preuve d'ignorance en la potentialité infinie de la vie, c'est refuser de croire en l'infini de la matière, c'est être aveugle à la possibilité de l'eucharistie humaine, c'est-à-dire, à la survenue, dans une vie d'homme ou de femme, de l'éveil à la sagesse du « sang comme texte », au dépassement de la mort et à « l'incarnation spirituelle » dans la matière même de son corps.

D'autres pensées affirment, au contraire, et c'est bien entendu à celles-là que je souscris, la possibilité de vivre « éveillé », de révéler au présent cet immense potentiel, de goûter ici et maintenant à un bonheur profond d'être en vie. Car *l'infini est partout*, en chaque vie et en chaque phénomène. En chaque particule de matière. Pour tendre vers cet éveil, c'est notre attitude qui est déterminante.

Je rejoins en cela le magnifique prêtre chrétien itinérant, Maurice Zundel, reconnu aujourd'hui pour l'exceptionnelle largeur de sa vision. Je me retrouve dans ses paroles vibrantes de foi joyeuse. Le dogme, ici, est dépassé, face à un tel souffle.

Il osera critiquer l'eucharistie[67], n'y voyant trop souvent que la répétition d'un rituel vide, d'une idolâtrie, où le fidèle «compte sur l'*opus operatum* (un effet immanquablement produit du fait que l'on reçoit le sacrement), dans des communions où mécaniquement l'on doit être sanctifié parce qu'on a ouvert la bouche ou tendu la main pour recevoir l'hostie[68].» Zundel, au contraire, prône la conversion permanente du fidèle, à chaque messe, basée sur un engagement total. C'est le croyant qui doit être réellement présent !

« C'est cela qui importe à Dieu : que nous soyons les uns envers les autres une présence réelle. Il existe une force, une puissance toute créatrice, qui atteint le plus intime de l'être. Cette force, c'est la réalisation de la Présence divine en nous. (…) Chacun de nous peut communiquer une lumière infinie, chacun de nous est appelé à être une source de lumière, chacun de nous peut illuminer le jour, apporter la vie et être une manifestation de la Présence infinie[69]. »

« Le Christ est donc déjà présent à tous, dignes ou indignes, il est présent à tous, c'est nous qui ne sommes pas présents au Christ, et il s'agit précisément, dans l'eucharistie, que nous lui devenions présents[70]. »

Que dit-il de la matière ? Ceci : « L'univers n'est pas enfermé dans un déterminisme et une fatalité matériels. Non ! Il est ouvert, l'univers est ouvert, l'univers a une

---

[67] Ce qui le rendra un temps *persona non grata* de l'Église avant de recevoir, à la fin de sa vie, les éloges de Paul VI.
[68] « Sermon de la Rochette, 1963 ». In M. ZUNDEL. Un autre regard sur l'Eucharistie. Sarment : Éd. du Jubilé, 2016. p. 71.
[69] « Sermon du Caire, 1956. » In M. ZUNDEL, op. cit., p. 126.
[70] « Sermon de Lausanne, 1954. » In M. ZUNDEL, op. cit., p. 34.

vocation, l'univers est touché par l'esprit, il est appelé à se spiritualiser[71]. » « [Par l'Eucharistie], la matière est promue à devenir le signe et le sacrement qui nous communique la présence du Seigneur (...) c'est l'accomplissement de sa vocation ultime qui est cette transfiguration dans la lumière de Dieu. Jamais la matière, ce que nous appelons la matière, ne se trouve aussi profondément glorifiée[72] ! »

Désormais, si quelqu'un voulait « reproduire » mon expérience en faisant couler le sang par le biais d'une blessure, je peux dire clairement pourquoi il passerait définitivement à côté du sujet. L'infini de la matière, tel que Zundel l'évoque ou tel que je l'ai pressenti, est à éprouver dans la vie, dans le respect de la vie. Le rechercher à travers la mort ou la blessure est une erreur fondamentale puisque l'infini est présent ici et maintenant, dans chaque particule qui me constitue. Celui qui tente de s'extraire de la vie présente en espérant ainsi accéder à l'autre monde ne fera que s'éloigner définitivement du « lieu de l'éveil »...

Quel est alors le moyen d'embrasser en soi cette conscience, d'éprouver cette joie ? Les chemins sont multiples, difficiles, et chacun choisira le sien. Toutefois, un élément me semble indispensable, quel que soit la voie que l'on emprunte, c'est la foi, dans une acception très large, en tant que fonction nécessaire au développement de la vie.

---

[71] M. ZUNDEL, *op. cit.*, p. 199.
[72] « Sermon de Genève, 1974. » *In* M. ZUNDEL, *op. cit.*, p. 196.

La foi comme nourriture

La fonction de la foi dans notre vie est celle d'une nourriture. C'est une fonction inhérente à la vie humaine qui prend de multiples formes, la croyance en Dieu n'en étant qu'une, mais non des moindres, parmi tant d'autres.

Lorsque je parle de foi, il ne s'agit donc pas de la foi en une entité extérieure qui aurait le pouvoir d'agir sur notre vie. J'évoque plutôt une disposition fondamentale de l'humain à *aspirer à un au-delà de lui-même*, considérant que, tout comme la plante est attirée par la lumière, l'acte même de vivre engendre une aspiration au bonheur, une quête du mieux, qui, chevillée au corps et même si elle est souvent contrariée, sera toujours renouvelée.

L'idée que j'ai de la foi s'exprime à travers la notion de « présence de la vie en soi-même », notion que j'évoquais à propos de ce que nous donne à percevoir le sang. Cette « autre chose » que lui-même auquel nous donne accès le sang, c'est la conscience intuitive du « je suis en vie ».

Mais pourquoi parler de foi à ce sujet ? Nous savons tous que nous sommes en vie… En vie, oui, mais limités. Nous nous pensons et percevons foncièrement comme limités. Nous n'avons donc pas une appréhension correcte de ce qu'est réellement la vie en nous. Nous l'avons tous expérimenté en admirant les étoiles : le ciel est incommensurable et nous ne pouvons concevoir cet infini du cosmos, même si nous savons qu'il l'est. De même, nous ne pouvons concevoir l'infini comme étant notre nature. Un « acte de foi », un bond au-delà de ce que l'on *croit être* est dès lors nécessaire pour accepter que notre dimension soit en fait celle de l'infini.

La « fonction spirituelle » du sang a été et est encore de nous permettre de comprendre que le monde a plusieurs dimensions : les deux mondes, visible et « quantique » que j'évoquais plus haut, tous deux tout autant réels. C'est la naissance de la « capacité de foi » : voir le possible, le potentiel dans ce qui est déjà, aspirer à ce qui n'est pas encore advenu, s'y projeter. Ce type de foi permet aussi d'accéder à ce qui est inaccessible par la raison. Je ne parle pas de « l'irrationnel », je fais allusion à ce qui « paraît » impossible. Ici, foi équivaut tout simplement à confiance. Le contraire en serait le doute, non le doute fécond qui écarte les certitudes pour ouvrir des pistes de recherche, mais le doute prison, le doute de soi, qui mène à l'indécision et à l'impuissance. Parfois, ce qui n'est « pas possible » est possible, ce qui n'est « pas raisonnable » est juste. Il n'est pas raisonnable d'aimer celui qui nous blesse, pourtant, c'est cette bienveillance qui sera le fondement de l'acceptation mutuelle et de la réconciliation. Il n'est pas raisonnable de suivre ses rêves et pourtant, c'est en les vivant sans retenue que l'on peut changer le monde. Les exemples abondent d'utopistes considérés comme fous ou persécutés par le pouvoir en place, qui ont révélé une part de la vérité du monde et qui sont aujourd'hui de grands noms (Galilée, Bruno, Christophe Colomb, Van Gogh, Mandela, Gandhi, De Gaulle… et Jésus, lui-même, grand révolutionnaire…). Mais nous-mêmes également, foule nombreuse et anonyme, sommes, à partir de notre « foi » en un monde meilleur qu'il importe de faire advenir, les magnifiques et invisibles acteurs du changement au quotidien !

Toutefois, je n'oppose pas foi en la vie et foi en Dieu. Pour moi, ces deux termes recouvrent *un même processus existentiel* dont les ressorts psychiques sont identiques que la personne croie en Dieu ou non. Pour être plus précis, le processus que je décris *inclut* la foi religieuse. On pourra trouver les mêmes préoccupations fondamentales chez un croyant et un non croyant : désir de partager le bonheur, souci de l'autre, croyance en nos capacités de bonté et de réalisation de soi. « Croire en Dieu » conviendra à certains, « croire en la force de la vie » parlera à d'autres, mais c'est toujours le même processus qui est en jeu, celui de *la croyance en des possibles que l'on peut aider à faire advenir* par nos actes et/ou par nos prières – qui sont des actes... C'est, à partir de nos capacités de confiance, d'empathie et d'amour, croire que toutes les choses que nous vivons, à l'intérieur comme à l'extérieur de nous-mêmes, ne sont pas seulement ce qu'elles sont mais ce qu'elles peuvent être, qu'elles ont toujours une part non advenue, un possible. Croire que notre espace psychique ainsi que le monde qui nous entoure ne sont pas finis mais en devenir. Croire au potentiel présent en soi, en l'autre ou même en une collectivité, potentiel qui, même si il n'est pas encore révélé, peut se développer, et, fort de cette conviction, œuvrer à sa réalisation, à son avènement. Il est donc clair que le « croyant » dont je parle n'est pas nécessairement un religieux. Ce qui l'anime, c'est la foi en tous les possibles de la vie, en toutes les capacités humaines, même si elles ne sont pas, au temps T, manifestées. Au fond, c'est simplement un *optimiste* !

La foi joue un rôle par exemple dans la quête du bonheur. Je considère en effet que le bonheur existe et qu'il est un état naturel de la vie, état vers lequel se dirige naturellement notre vie par les processus de maturation ou de croissance. Notre difficulté d'accéder au bonheur, au point que beaucoup ne *croient* même pas en son existence, vient du fait que ce mouvement naturel, cette maturation biologique, se trouve entravée par diverses forces contraires – physiques, familiales, environnementales, culturelles, politiques... – qui font tout autant partie de la vie, comme la mort ! Et c'est là que notre capacité à croire, notre nature de croyant, nous permettra de dépasser – ou non – les obstacles.

L'observation des fleurs est, à ce titre, très parlante : les graines deviennent pousses, puis boutons, et éclosent dans une splendeur de couleurs et de formes avant de faner puis de mourir, pour renaître, à partir d'autres graines issues d'elles-mêmes, lors du cycle suivant, Une fleur est *aspirée* par le processus de croissance, elle ne peut l'éviter. Parallèlement, les diverses oppositions qu'elle rencontrera en chemin la modèleront, elle en sera plus ou moins développée, plus ou moins épanouie... Il en est de même pour nous. Au-delà de notre croissance physique, il y a, pour nous, êtres pensants, êtres de symbole et de langage, le développement de la conscience, qui, encore une fois, se fera plus ou moins bien selon les cas.

Je dois préciser que je n'entends pas par « développement de la conscience » l'accroissement des capacités intellectuelles car celles-ci n'en sont qu'une part. Je fais allusion à tout ce qui touche à notre rapport au monde : outre les pensées, il y a les intuitions, les émotions, les sensations, la mémoire... Dans le toucher et l'écoute du corps que développent les danseurs par exemple, se trouve une réelle conscience de soi, complémentaire à l'intellect. Plus encore, parce que notre monde est perpétuellement en train d'advenir, l'intuition de ce qui peut être est également conscience. Au temps T, le monde, nous-même, les autres, tout ce qui vit, rien n'est fini, rien n'a une forme définitive, tout est en mouvement vers un nouvel état.

La réalité du monde est donc d'être *potentialité*, le monde est naissance permanente[73]. Ce que l'on appelle conscience doit donc inclure cette dimension dynamique. Connaître la vie des plantes, c'est connaître toutes les étapes de leur vie, leur cycle de vie et de mort. Savoir que derrière les nuages, il y a toujours le soleil, c'est avoir conscience de la permanence de son existence *malgré les apparences*. Derrière mes peurs se trouve le désir de vivre ma vie dans toute son ampleur, derrière l'égoïsme d'une personne se trouve son désir de vivre en accord avec les autres... Ce qui n'est pas là pour le moment peut advenir. Dans ces quelques exemples, tout est affaire de possibles, de choix et non d'états stables et fixes.

La foi dont je parle est donc une foi en la matière, en tant que l'on reconnaît – encore une fois, sans le savoir – sa nature non finie, en devenir permanent avec une multiplicité de possibles. J'ose penser que chacun, spirituel ou athée, poète ou matérialiste, puisse se retrouver dans cette acception.

Dès lors, on peut affirmer que « croire », en tant que principe existentiel, a un rôle fondamental dans notre croissance d'être humain et que notre croyance orientera la mutation permanente de la matière-vie dans un sens ou un autre... Comment s'opère ce processus ? Pourquoi

---

[73] Les découvertes en physique quantique le démontrent au-delà même de ce que l'on imaginait : la structure même de l'atome n'est qu'un « nuage de potentialités » sur lequel l'esprit de l'observateur aura une influence...

la foi peut-elle transformer notre vie ? Parce que croire fait se développer nos capacités.

Les capacités humaines sont immenses et nous n'en employons qu'une partie, nous ne sommes conscients que d'une part réduite de ce que nous sommes et ne sommes capables d'imaginer qu'une partie de ce que nous pouvons faire. Il est donc nécessaire, pour faire apparaître ces capacités, non présentes immédiatement, d'y croire ! Ce qui est intéressant, c'est lorsque certaines choses nous semblent impossibles et que la foi intervient nous permettant de croire à ce qui est, pourtant, soi-disant irréalisable. Et dans certains cas, de le réaliser. La foi concerne un champ non accessible à la raison car ce qui est « impossible » pour la raison et parfois possible grâce à la foi.

Quelles seraient alors les effets d'une croyance en la réalité de notre nature infinie ? D'une certitude en un potentiel extrêmement vaste présent naturellement en nous ? Très certainement, cette attitude aurait comme effets « positifs » d'ouvrir notre conscience, de repousser nos limites, d'accroître nos possibilités d'action, en un mot, d'élargir immensément notre vie. On peut prendre l'image d'un domaine qui est là, autour de notre petite hutte, une forêt vierge que l'on découvrirait progressivement. Au départ, le chasseur reste dans la clairière qu'il connaît bien et dans laquelle il court peu de dangers. Puis, peu à peu, il s'aventure plus loin, dans un espace immense qui n'est que la continuité de son petit jardin. Son champ d'action a considérablement augmenté.

Notre vie n'est en rien différente. Croire en notre potentiel nous donne confiance en l'avenir, nous permet d'affronter les difficultés et les obstacles sans nous effondrer, de savoir, même, les accueillir, nous permet de nous lancer des défis importants pour lesquels nous devrons déployer des capacités que nous n'avons pas encore mais que nous savons pouvoir faire apparaître...

Croire en la dimension infinie, concrètement, c'est cela... En fait, nous le vivons tous et tout le temps ! C'est très simple et cela fait partie de notre vie. Par exemple, face à certaines difficultés, des ressources jaillissent en nous et nous permettent de nous sentir, curieusement, plus forts après l'épreuve. Qui ne l'a pas vécu ? Un nouveau-né, un enfant grandissent à partir de cette capacité-là, active en permanence en nous mais, je l'ai dit, également entravée par les diverses difficultés de la vie – et c'est là que se décident nos limitations, que s'installent nos « incroyances », notre finitude...

La foi est donc un des éléments essentiels à notre croissance permanente en tant qu'être humain. C'est un des facteurs qui nous fait devenir ce que nous ne sommes pas encore, qui nous permet de révéler notre potentiel. Comme l'eau et le soleil le font pour les plantes, la foi est une nourriture. C'est l'image du « pain vivant » que Jésus emploie pour parler de lui.

Ce dont je parle vous le connaissez, je vous parais peut-être enfoncer des portes ouvertes. Mais ce que je cherche à montrer, c'est que ce processus que nous vivons tous provient de cette part de nous-mêmes qui est le sujet de ce livre : la nature infinie de notre vie. Et que cela est finalement chose très simple et très évidente. Aussi évidente que de sentir le battement de notre cœur.

Ainsi, pour reprendre mon parallèle entre eucharistie chrétienne et humaine, j'oserai dire – mais avec enthousiasme ! – que nous sommes tous des christs, c'est-à-dire, tous des êtres infinis. Dit autrement, cela donne : le Christ était un homme ordinaire, un homme tout court et non un homme-dieu, et il a révélé en lui-même un principe infini présent en chacun. Certes, cette vastitude n'est pas aisément accessible à nos sens. Il est nécessaire pour s'en approcher, au moins un peu, « d'ouvrir ses yeux et son cœur » : c'est-à-dire, d'accueillir et de croire.

Ce que le Christ manifeste n'est donc que ce qui est en chaque être humain. Et si le Christ a dû mourir, c'était pour priver ses disciples de sa présence et pour que ce manque absolu fasse naître un impérieux besoin : qu'ils recherchent sa lumière en eux-mêmes. Car elle s'y trouve ! Sinon, la mort du Christ serait absurde. Si les fidèles chrétiens de par le monde et à toutes les époques n'avaient pu éprouver cette présence infinie en eux-mêmes, le christianisme n'aurait jamais connu un tel essor.

L'idée que je défends est que cette réalité de l'infini en soi n'est pas la présence divine mais la *nature humaine*. Et dans ce que je dis ici, il n'y a pas fondamentalement de contradiction avec les Écritures, tout est question de lecture, de point de vue. Le mien est spinozien : « Dieu est la Nature », c'est-à-dire, *Dieu n'est pas autre chose que la nature.*

Je conclurai ce chapitre par un commentaire de l'article « De l'orateur à l'orant » de l'historien médiéviste Jean-Luc Solère. Celui-ci nous apporte un éclairage très intéressant sur le rapport à Dieu et le sens de la prière :

ce qui importe dans l'acte de prier n'est pas ce vers quoi est dirigée la prière et qui est censé être à l'extérieur de soi, ce qui compte c'est ce qui advient dans l'intériorité du croyant.

Apparu au milieu du monde païen auquel il s'oppose, le christianisme doit s'affirmer et définir sa propre conception de la prière. Jean-Luc Solère indique que telle qu'elle est pratiquée, la prière chrétienne est essentiellement une demande faite à Dieu qui est tout puissant. Mais Solère relève une question simple soulevée par les apôtres eux-mêmes : pourquoi prier si Dieu connaît déjà ce qui est bon pour nous ? Matthieu : « Car votre Père sait de quoi vous avez besoin, avant que vous le lui demandiez[74]. »

La question fut reprise par les milieux philosophiques païens, critiques à l'égard du christianisme naissant : « Ce que le fidèle demande est soit conforme, soit contraire à ce que Dieu a décidé. Dans les deux cas, son oraison est vaine[75]. » L'argument, solide, est que si Dieu a tout prévu, il a prévu ce qui est bon pour moi, je n'ai donc rien à lui demander. À l'inverse, s'il n'a rien prévu pour moi, qui suis-je pour oser lui en faire la demande ?... Saint Augustin apporte une réponse. Selon lui, Dieu ne souhaite pas apprendre nos besoins – il les connaît – mais souhaite « nous mettre dans la disposition de recevoir ce qu'il veut nous **donner**. [76] » La prière crée une ouverture et permet une prise de conscience. « Demander : "Que votre règne arrive", c'est en fait

---

[74]Évangile selon Matthieu, 6, 8.

[75]J-L. SOLÈRE. « De l'orateur à l'orant ». *In Revue de l'histoire des religions*, tome 211, n° 2, 1994, p. 196.

[76]*Ibid.*, p. 197.

ranimer notre désir de l'avènement de ce règne et notre souci d'être digne d'y participer[77]... » Prier Dieu pour ranimer *notre* désir de *nous relier* à lui...

Solère formule donc cette idée qui concorde tout à fait avec la mienne : « la prière n'a pas pour destinataire Dieu, mais celui-là même qui prie (...). Si la prière a une action, c'est sur l'orant qu'elle s'exerce et non sur Dieu. » La prière est un acte opérant non sur une entité extérieure mais sur celui qui prie qui, par cette acte relié à son intériorité, stimule, voire génère, son désir profond de vie. Par la prière, il se crée lui-même. Cela rejoint le point de vue des premiers chrétiens, à l'instar de Thomas d'Aquin qui considérait que Dieu cherche à nous rendre acteur de ce qu'il a décidé que nous vivrions : « Dieu nous convie à prendre part à ses bontés, mais de sorte que ce soit nous qui fassions la démarche de les atteindre[78]. »

Au bout du compte, déistes et non déistes pourront en convenir, il y a une même nécessité : qu'il soit déterminé par un dieu ou par la nature, l'être humain doit être partie prenante du processus vital qui se joue en lui. Il en est responsable.

---

[77] *Ibid.*, p. 197.
[78] *Ibid.,* p. 199, note 36 cf Sum. theol. IIa II ae, q. 83, a. 5, ad 3m.

Leçons des morts

Nous avons tous des morts. Les miens m'apprennent beaucoup. Mon père est décédé il y a dix-neuf ans, ma mère, six. Avant encore, il y eu les hémophiles décimés. Et encore plus loin, mes cousins inconnus, juifs, gazés par les nazis. La figure de Yoyo notamment, jeune cousin de mon père, déporté à vingt ans, marque notre famille d'une émotion fondatrice. Puis est venu le suicide d'Agathe.

Lorsque je commence à me relever de ce choc immense, je relie peu à peu mes questions sur la foi à ce que je suis en train de traverser. Une cohérence commence à apparaître et dans les jours qui suivent la mort de ma nièce, j'ai le sentiment de cheminer, une petite lampe vacillante à la main, sur cette mystérieuse voie.

Le lendemain de sa mort, nous sommes réunis dans la chambre mortuaire, une quinzaine de personnes, en silence, dans une pénombre éclairée de quelques bougies et parfumée d'encens, rituels hindous de son père natif de Pondichéry. Le groupe forme, de fait, une sorte de cercle autour du cercueil ouvert. Je suis juste à côté d'elle. Je vois son beau visage, figé, mis en forme par les embaumeurs. J'avance ma main droite, touche son épaule froide, et prend la main de ma voisine à gauche. Spontanément, toutes les mains se saisissent l'une l'autre, jusqu'à sa marraine qui, face à moi, de l'autre côté du cercueil, pose également sa main, gauche, sur l'épaule d'Agathe. Nous sommes alors tous réunis par le toucher. À ce moment-là, je sens monter une chaleur, un soulagement, une énergie incroyable. Comme un remerciement. J'ai, réellement, la sensation d'une présence, tangible, sans pour autant qu'elle soit corporelle ou même individuelle. Est-ce l'énergie vitale d'Agathe, encore présente juste après sa mort comme cela est décrit dans certains traditions religieuses, notamment bouddhistes, énergie qui se rendrait présente à nous de par notre geste de communion ? Ce moment est sublime. Tout le monde, ensuite, dira avec ses mots la force et le mystère de ce qui s'est déroulé.

Le jour suivant, je crois communiquer avec elle, je la visualise en train de « monter au ciel », comme une petite fusée à la Saint Exupéry, tout à la fois libérée de sa terrible souffrance et emplie de regrets de quitter la vie et les siens, reliée à moi, encore un peu.

Je ne sais si ces expériences représentent un contact réel avec elle, traduit en images familières à mon esprit, ou ne sont qu'une construction imaginaire. Et je pense que ce n'est pas important de le savoir. Ce qui compte, c'est que je les vive et que cela me permette de faire mon deuil.

Je dois m'expliquer. Je ne prône pas l'illusion comme mode de vie, l'opium de la pensée, la fuite du réel. Je mets l'accent sur l'importance cruciale de ce que j'identifie ici à la foi, dans la conception que j'en ai : *processus global qui inscrit l'être dans une dynamique de revitalisation.* Il n'est pas décisif de savoir si l'on peut communiquer avec les morts mais il est essentiel, face à la perte d'un être cher, de revitaliser sa propre existence en réactivant la présence de l'autre en soi, en « communiquant » avec lui, c'est-à-dire, en instaurant un dialogue intérieur, personnel avec l'être disparu, par des mots, des gestes ou des émotions. En fait, vous l'aurez compris, un dialogue avec soi-même. Car l'autre, surtout si c'est un proche, est présent en moi, tel un reflet dans le miroir de mon esprit.

La notion de foi comme nourriture, c'est là que je l'expérimente et c'est là que je commence à la conceptualiser. Tout cela, ce sont mes morts qui me l'ont appris : au décès de mon père, je ressens très nettement que la disparition d'un être proche n'est pas une perte absolue, qu'il nous reste encore beaucoup. La mort de ma mère, un an avant celle d'Agathe, confirme ce sentiment. Même si le corps, la présence physique, définitivement, ne sont plus, se maintient en moi une autre présence, immatérielle et essentielle. Ce n'est pas seulement le souvenir, « je me rappelle, il faisait ceci ou cela », non, c'est bien plus important, c'est quelque chose qui fait partie de ma structure psycho-physique. C'est, dirais-je, cette part de moi qui a été modifiée par l'autre de son vivant et ce que je suis devenu de par mes contacts, mes échanges avec cet autre, ou même les pensées que j'ai eu de lui ou elle. En clair, c'est sa présence en moi. L'autre est un guide qui, même absent, disparu du monde corporel, existe encore à travers moi. Il n'a plus de corps mais circule dans le mien.

Ainsi, sentir la présence de l'autre en soi, lorsqu'il est mort, c'est faire l'expérience intime de la dimension immatérielle de la vie, de la présence, dans la matière, de ce qui n'est pas matière. Et selon moi, c'est une expérience qui a à voir avec la « foi ». Qu'est-ce que la foi sinon *éprouver* la part immatérielle des choses ? Certains nomment cet insaisissable Dieu, d'autres esprits ou énergie, d'autres encore, c'est mon cas, vie…

Avant la disparition tragique de ma nièce, le sang m'avait déjà donné à toucher l'éternel, le « non temps ». La *présence de l'immatériel* avait surgi en moi, sans crier gare, lors de mon premier geste, de ma première trace. Ce jour-là, c'est comme si ma conscience, subitement, s'était éveillée, s'était élargie et avait découvert un nouveau territoire jusqu'alors inconnu. Sous mes yeux ne se trouvait plus seulement la matière sang. C'est comme si, au-dessus de ce liquide, et encore plus au-dessus de la trace achevée, par-delà le signe, flottait une « présence réelle »...

Quelle est la nature de cette présence ? Comme plus haut au sujet de mes morts et dans la suite de la thèse de Jean-Luc Solère, ce qui m'intéresse ici est la présence ressentie, *ce que la vision du sang provoque en moi*. Ce que l'on nomme la présence est, en effet, une sensation qui appartient à celui qui observe... Le sang « a une grande présence », il provoque chez moi une émotion lorsque je le vois mais je crois pouvoir dire sans me tromper que la plupart d'entre nous sommes également *saisis* à la vue du sang. Voir du sang nous « fait quelque chose ». Mais quoi ? S'agit-il d'une émotion « universelle » ? Est-ce la peur, le dégoût ? Je me suis longuement questionné sur ce que je ressentais *vraiment* lorsque je voyais mon sang. J'ai fini par réaliser avec émerveillement que l'émotion que je ressens est, en réalité, la gratitude. Face au sang, la peur n'est qu'un masque, une habitude culturelle. Dans ce sang, non, je ne vois pas la mort, je vois la vie ! Une vie unifiée, apaisée. Une vie qui n'est pas en contradiction avec la mort, une vie réconciliée. Devant ma trace, je me retrouve face à une énigme, une immensité. Ainsi, je crois que lorsque nous regardons du sang, ce n'est pas la mort qui nous effraie, c'est *l'immensité de la vie* qui nous panique.

Penser à un mort que l'on a aimé n'est pas penser à *la* mort, c'est recevoir la vie de cette personne, s'en nourrir émotionnellement et spirituellement, et reproduire ce processus à chaque fois, encore et encore, car la vie est éternelle, au sens où jamais elle ne cesse, se transmettant d'existences en existences, de cellules en cellules. C'est faire de la vie avec de la mort, comme le disaient les *Mexica*, cette fois, non plus avec un corps supplicié, mais à partir de la mémoire sensorielle que l'on a de l'existence du défunt, à partir de l'immatériel, désormais. À partir de sa présence.

Pour toi

Agathe, avec ton texte de l'impossible féminité que m'as-tu laissé ? Ta souffrance a-t-elle à voir avec la souffrance des femmes opprimées dans leur être et dans leur puissance, depuis la nuit des temps ? Tu me permets de comprendre qu'il est essentiel de redonner toute sa place et toute sa valeur au principe créateur féminin, d'en nourrir le monde dans la collaboration entre hommes et femmes. Essentiel d'aider les jeunes filles à se libérer de la honte, à être fières de ce sang qui veut dire « vie » et d'aider les jeunes hommes à refuser la violence et à employer leur puissance à la création de la paix.

Moi, je saigne pour toi, Agathe, toi qui n'as pas accepté de saigner. Tu t'es consumée dans les souffrances ancestrales de la femme pour que je comprenne, que j'écrive ce livre et qu'à travers lui, je réhabilite la femme qui saigne. Car cette femme-là, la femme puissante est, elle aussi, maudite par le sang. C'est la figure de Lilith, dont on dit qu'elle fut la première épouse d'Adam et qui, parce qu'elle refusa sa domination, fut maudite par-delà les siècles… C'est la femme éternelle. Jusqu'à aujourd'hui.

Agathe, ta mort à vingt ans nous fait cheminer, ma famille et moi, chacun à sa façon, la tête basse d'abord, puis la relevant peu à peu, vers une nouvelle vie, très belle aujourd'hui. Comme une renaissance impensable et merveilleuse. Une recréation de nous-mêmes… Ma sœur et sa famille ont créé un orphelinat pour jeunes filles à Pondichéry, mes projets musicaux se développent enfin, et même nos ancêtres paternels et maternels, le peintre et l'inventeur que j'évoquais dans ces pages, retrouvent une actualité et une reconnaissance.

Et puis, dans ce long cheminement et au prix d'un âpre combat, un *autre* spectre, qui nous hantait, a disparu. Celui de Yoyo, ce cousin juif de mon père, autre jeune homme, mort à vingt ans lui aussi, dans les camps nazis.

Ta mort Agathe, vient en écho à la sienne.

Yoyo, Agathe, vous êtes tous deux mes anges. Puisse mon voyage au Pays du sang vous avoir sauvés, vous aussi.

Aujourd'hui, mon sang est devenu texte, j'ai cessé de tracer. J'ai à la place, le sentiment d'une inépuisable créativité, un flot de sens bienfaisant qui jaillit de mon corps et à la source duquel il semble que je n'ai qu'à puiser. Mon sang est devenu écriture de ce livre, puis écriture de ma vie, avec mon corps, avec la danse que je pratique maintenant, chaque jour présent au magnifique réel. J'ai fait le choix de la vie.

Depuis quelques temps, je suis un traitement qui permet d'anticiper les saignements, d'éviter qu'ils ne se produisent. On me l'avait déjà proposé avant, mais j'avais, vaguement, refusé. J'aimais me sentir « moi-même », homme fragile, homme qui saigne.

J'en avais besoin, je devais écrire ce livre…

Pour ne pas finir…

Ce fut un voyage magique, un rêve. Et pourtant bien réel. L'expérience tangible de l'immatériel. J'ai exploré un continent inconnu, marché sur un nuage, tâtonné dans l'espace éthéré de la matière charnelle, pataugeant dans un sang visqueux mais brillant, comme teinté d'or. Le corps recèle un secret mais ce n'est pas le secret du corps, c'est plutôt le secret de la matière elle-même : elle n'est pas inerte. Elle émet comme une radiation, une longueur d'onde. Le secret, c'est cette vibration. C'est le sang qui me l'a dit.

Voilà donc ce que je rapporte de mon voyage au pays du sang. Je sais maintenant que le sang est un passeur. Qu'il nous guide sur l'autre rive et ouvre notre regard. Qu'il nous enseigne.

Lorsqu'il se donne à voir, c'est pour nous offrir, comme un cadeau merveilleux, toutes les étoiles et toutes les particules de vie même les plus infimes. Le simple quotidien et ce que nous appelons la matière sont subitement remplis d'émotion. Le sang a surgi et nous a surpris, il semble nous éveiller d'un certain sommeil. Lorsque nous le voyons, nous voyons certes un liquide corporel rouge, mais nous percevons aussi une autre présence, celle-là immatérielle. Des portes semblent s'ouvrir en nous et claquer, caressées par un vent vigoureux et rieur. Une autre puissance se fait jour. Nous ne savions pas que nous en étions porteurs, non, même, nous la refusions ! Le sang nous fait peur, il faut en rester là !

Et pourtant, si nous restons calmes et si nous parvenons à laisser cette sentence à sa place, à côté de nous, à ne pas la laisser nous envahir, si nous écoutons ce qu'il y a véritablement en nous à ce moment, là, quand nous voyons le sang, nous sentons bien que lui, ne nous veut pas de mal, qu'il est notre ami ou plutôt... notre guide. C'est un passeur, c'est ça, très vieux, malicieux, et très sage.

Lorsqu'il se donne à voir, qu'il sort de sa tanière, il nous dit avec bienveillance, tiens, c'est l'occasion, saisis l'occasion, je vais te rappeler que tu ne vois pas tout, que tu crois que ton monde est le monde. Mais non, ton monde est étroit, figé. C'est ce dont tu as besoin, il te faut te rassurer, je comprends. En tant que vivant, l'infini n'est pas ta dimension, tu marches dans les objets, les blocs, les concepts. Ce sont des illusions. C'est vrai et ce n'est pas vrai. C'est vrai pour toi, vivant, et ce n'est pas vrai pour lui, le cosmos.

Moi, le sang, je suis entre les deux, je comprends les deux, je connais l'un et l'autre, je suis de l'un et je suis de l'autre. La vie et la mort. Qui peut dire de quoi je suis fait ? Cette impossibilité que vous avez à me situer d'un côté ou de l'autre te prouve ma bonne foi.

Ma mission dans ta vie, humain, est de faire en sorte que tu n'oublies pas que l'éternité existe et que la vie infinie circule en toi tel un courant d'énergie. J'apparaîtrai à chaque fois qu'il le faudra pour te le rappeler.

Sinon, si je n'étais pas là, tu aurais bien vite tout abandonné pour tes objets, ta « matière », ton épaisseur. Petit à petit, tu deviendrais pierre, roc. Mmm... Quel dommage !...

Pour que tu restes chair et donc mouvement, tourbillon jusqu'à ton pourrissement, pour que tu restes fragile et donc vraiment fort, c'est-à-dire, apte à développer une puissance à partir de tes faiblesses, ce qui est la vraie puissance, pour que tu restes humain, donc sensible à toute vie, à toute mort, tu as besoin de moi.

Lorsque j'apparais, tu ne le sais pas, tu ne t'en rends pas compte, mais ta conscience s'ouvre. Tu masques cela par la « peur du sang », ce concept un peu bête et étriqué et néanmoins utile à ce monde d'objets où il ne faut pas aller trop vite, ni aller trop loin. J'accepte cette peur car elle te permet de maintenir ta croyance en la réalité provisoire de ce monde. Crois-moi, je ne veux pas te brusquer. Prends ton temps. Je serai toujours là, je suis le Fleuve unique, celui d'où tout est issu, celui qui contient tout.

Mais moi je ne compte pas, je suis le véhicule, seulement le véhicule. Au-dessus de moi, qui n'effleure même pas ma surface liquide, flotte l'éternité. Moi je suis là pour t'en faire offrande, en secret. En ma présence, tu la perçois, sans t'en rendre compte. L'émotion que suscite mon apparition parmi les humains agite les objets, les pensées coulées dans le béton, un vent léger fait frissonner les certitudes. Tu frémis.

Non, tu n'as pas peur, pose cette fausse idée. As-tu bien compris ? Lorsque tu me vois, *tu perçois l'éternité*. Tu perçois le monde de la mort, dans lequel tu passeras, plus tard, quand tu auras fait ton temps dans ta limite et que tu rejoindras l'illimité, le monde réel de l'incertitude. Mais fais ton temps, prends ton temps, il est à toi, c'est le tien, non pas pour que tu le gardes, stupidement et jalousement, comme un chocolat, mais pour que tu l'ouvres, au moins un peu, à elle, l'éternité. Car tu es fait d'éternité, c'est cela que je viens te dire lorsque j'apparais.

Si tu la laisses couler en toi, que tu lui souris et, même, que tu danses dans son éclosion, tu deviendras ce que tu es, un être minuscule, et pourtant aussi grand que l'infini lui-même. Tu es fait de la même matière que l'univers, les étoiles dansent en toi, crois-moi. C'est tout ce que je te montre lorsque moi, le sang, je me montre à toi.

Car chez moi, cela se voit, je suis fait ainsi.

REFERENCES

BALMARY, Marie, *Le Sacrifice interdit. Freud et la Bible*, Paris, Éd. Grasset, 1986.

BASHUNG, Alain, FAUQUE, Jean, « Tel », in *L'imprudence*, Barclay Records, 2002.

BIALE, David, *Le Sang et la Foi*, Paris, Bayard, 2009.

Concile œcuménique Vatican II, Const. dogm. sur l'Église Lumen gentium, n° 11, Vatican, 1964.

BIBLE (LA), « L'Exode », 24:8, Traduction Intégrale Hébreu-Français, traduit du texte original par les membres du Rabbinat Français sous la direction du Grand-Rabbin Zadoc Kahn, Tel Aviv, Éd. Sinaï, 1994.

CORTÉS, Hernán, *La conquête du Mexique*, Paris, Éd. La Découverte Poche, 1996.

DE RIELVAULX, Aelred, *La vie de recluse. La prière pastorale,* Paris, Éd. Du Cerf, 1961.

DE TROYES, Chrétien, *Perceval ou le Conte du Graal*, Paris, Flammarion, 2012.

DUVERGER, Christian, *L'esprit du jeu chez les Aztèques*, Paris, Éd. EHESS, 1978.

FABIANOVA, Diana, *The Moon Inside You*, Avenue B Productions, France/Espagne, 2009.

FULCANELLI, *Le mystère des cathédrales*, Paris, Éd. Albin Michel, 2015.

GRAHN, Judy, *Blood, Bread and Roses: How Menstruation Created the World*, Boston, Beacon Press, 1994.

IKEDA, Daisaku (entretiens avec), *La sagesse du Sûtra du Lotus*, Paris, Éd. ACEP, 2013.

JACQUEMIN LE VERN, Hélène, *Le sang des femmes. Tabous, symboles et féminité*, Paris, Éd. In press, 2003.

JEAN-PAUL II, *Ecclesia de Eucharistia*, Vatican, 2003.

LE CLÉZIO, J.M.G., *Le rêve mexicain ou La pensée interrompue*, Paris, Éd. Gallimard, 1988.

LÓPEZ-PORTILLO Y PACHECO, José, *Quetzalcoatl*, Paris, Gallimard, 1978.

MARTYR, Justin, *Apologie pour les chrétiens*, Fribourg, 1994.

NICHIREN, *Les Écrits de Nichiren,* Tokyo, Éd. Sōka Gakkai, 2012.

NICHIREN, *Lettres et traités de Nichiren Daishonin*, Paris, ACEP, 1994.

ORIGÈNE, *Homélies sur les nombres*, Paris, Éd. du Cerf, 1999.

PORTILLA, Miguel León, *La Pensée Aztèque*, Paris, Éd. Du Seuil, 1985.

Quatrième concile du Latran, « Premier canon », 1215.

ROUX, Jean-Paul, *Le sang*, Paris, Éd. Fayard, 1988.

SAINTE BIBLE (LA), « L'Évangile selon saint Matthieu », 6:8, version Louis Segond, 1910.

SALA, Emmanuel, *Une histoire avec le sang*, non publiée, 2009.

SAURIN, Patrick, *La fleur, le chant. In xochitl, in cuicatl. La poésie au temps des Aztèques*, Grenoble, Éd. Jérôme Millon, 2003.

SAURIN, Patrick, *Les fleurs à l'intérieur du ciel : Chants de l'ancien Mexique*, Paris, Éd. José Corti, 2009.

SOLÈRE, Jean-Luc, « De l'orateur à l'orant. La "rhétorique divine" dans la culture chrétienne occidentale », in *Revue de l'histoire des religions*, tome 211, n° 2, 1994, p. 187-224.

SOUSTELLE, Jacques, *La vie quotidienne des Aztèques à la veille de la conquête espagnole*, Paris, Hachette, 1955.

ZUNDEL, Maurice, *Un autre regard sur l'Eucharistie*, préface par Paul Debains, Montrouge, Éd. du Jubilé, 2006.

TABLE DES MATIERES

7 - INTRODUCTION

9 - Un chemin de transformation
11 - Tracer

13 - PREMIERE PARTIE
Offrandes

15 - Mon histoire
21 - Reconnaissance
31 - Genèse mexicaine, mon sang se libère
37 - Retrouver la poésie
41 - Risque
47 - Marseille, mon cœur peut s'épancher
51 - Tu n'as aucune importance
59 - Être prêt

65 - TRACES

81 - SECONDE PARTIE
Infini

83 - Chrétien
87 - Eucharistie humaine
95 - Parallèles
103 - Maudits
105 - A l'origine de la foi
115 - Texte d'Agathe
119 - Sang des femmes, sang de vie
129 - Puis vint le sang des hommes...
Des sacrifices à l'avènement du Christ
135 - Du sang comme texte au sang réel des martyrs

141 - Le sang du Bouddha
149 - Apprivoisé
151 - La vie infinie
159 - Pulsion de mort
167 - La foi comme nourriture
179 - Leçon des morts
185 - Pour toi

189 - Pour ne pas finir

195 - Références

Traces réalisées par Emmanuel Sala
www.emmanuelsala.com

Contact auteur : manusala@club.fr

© 2018, Emmanuel Sala

Édition : BoD – Books on Demand,
12/14 rond-point des Champs-Élysées, 75008 Paris.
Impression : BoD - Books on Demand,
Norderstedt, Allemagne.

ISBN : 9782322143313

Dépôt légal : juin 2018